梅棹忠夫——著
蘇文淑——翻譯

# 民族學家的京都導覽

## 從地理、歷史、居民性格到語言

梅棹忠夫の京都案内

# 寫於文庫版之前

京都被譽為學問之都，有很多外地人到這裡來追求學問。我在京都土生土長，常有機會跟別人導覽這城市。這本《梅棹忠夫的京都案內》（角川選書，註1，本書的日文原書名）正是我把平時跟別人介紹的內容湊成一冊，承蒙角川書局此次將其選入「角川蘇菲亞文庫」系列，重新出版。

除了這本《梅棹忠夫的京都案內》外，我還寫了同樣也被收錄於角川選書的《京都精神》及《日本三都論——東京、大阪與京都》（註2）。三本都是介紹京都的文章，也是我的京都論三部曲，因此也收錄於個人著作集第十七卷《京都文化論》（註3）。

角川選書的《京都案內》雖然是在一九八七年出版的，但其實各篇文章早在一九五一年到一九六五年就已經陸續發表過。沒想到這麼舊的文章還有幸以文庫版的面目與讀者重新見面，身為筆者著實訝異，或許京都真是個永恆的「不朽之都」（eternal city）吧。

二〇〇四年八月
梅棹忠夫

（註1）梅棹忠夫著《梅棹忠夫的京都案內》（角川選書）一九八七年五月，角川書店出版。

（註2）梅棹忠夫著《京都精神》（角川選書）一九八七年八月，角川書店出版。梅棹忠夫著《日本三都論——東京、大阪與京都》（角川選書），一九八七年十一月，角川書店出版。

（註3）梅棹忠夫著《梅棹忠夫著作集》第十七卷《京都文化論》一九九二年十月，中央公論社出版。

文末標示＊為發行文庫版時備註之最新資料。

# 前言

京都人不太喜歡跟外地人介紹或談論關於京都的事。在京都人跟外來者之間，橫亙了一道深不可測的鴻溝，把彼此隔成了兩邊。京都人當然不致於拒絕外地人來京都走動，可是我們總是冷眼旁觀的，京都人是京都人，外來客是外來客。

我這個土生土長的京都人卻寫了一本《京都案內》（本書的日文原書名），這是怎麼回事呢？恐怕各方朋友會嘲笑我不太像樣。但其實我也不是刻意要寫，只是因為時常有機會為訪客或其他來京都求學的朋友為文介紹京都，而這些文章剛好累積了一定份量，便乾脆編成了一本書。

像《京都案內》這樣的書籍，從幾百年前到現在不曉得出過多少本了，根本就不差我這一本。但我想我這本書在根底上跟其他書有點不太一樣，嗆辣或溫潤這點我自己無從判斷，不過我想本書對於理解京都應該能或多或少發揮一點作用。

京都人不喜歡跟外地人聊京都的原因大概是怕自己在言談中洩漏了對其他地區居民的看法，會讓對方不高興。遠來是客，破壞人家的心情總是不好，還是關上嘴巴吧。

這本《梅棹忠夫之京都案內》的內容，對京都人來講應該會覺得很能認同，都是常識，可是對外地人來講恐怕就不是這麼一回事了。如果有什麼內容杵逆了外地讀者，就請當成是我們京都人妄自尊大、無可救藥的表現，一笑置之吧。

當初角川書局問我要不要做這麼一本書，我覺得挺有趣的、開始著手進行，但至今已經過了七年，我一天忙過一天，只好把這本書擱著，稿子跟資料都放進冷凍庫裡。現在總算讓它們拿出來解凍，把稿子交到了角川編輯的手上。

京都的步調比較慢，不像其他城市那麼變化萬千，不過還是有一些微小的時移星轉。這些文章都是我很早以前寫的，不少內容如今已經跟現實情況有點出入，我沒辦法一樣樣修正，只好在文章中加註*號，把備註補記在文章最後。此外，每一章節最前面的解說裡，也記載了當初文章刊登在什麼地方，解說跟補記的部份則寫於一九八六年十一月。書裡內容或有重複，請多見諒。

老實說，去年（一九八六）三月後我已經兩眼失明了，沒辦法看東西、也不能寫，所以編寫這本書時我必須借助別人的雙手——嚴格來說是別人的眼睛——才有辦法作業。這讓我完全領教到了失明人士在進行這類作業時有多辛苦、要花多少精力與時間。我想好好感謝協助本書的各位朋友。感謝近藤敦子女士協助整本書籍作業並在編寫〈京都話小札〉時提供幫助。儘管有這麼多人幫忙，本書內容仍有可能錯漏或誤植，若有缺失，完全是我這個作者注意不周。此外，還得感謝角川書局的同仁願意等候本書完成，給您們添了麻煩，深感歉意。最後還得向當初給我機會寫稿、並同意我將文章收錄進本書的各家雜誌社與機關單位說聲感謝。

一九八七年二月
梅棹忠夫

# 推薦序

梅棹忠夫離開此世已四年。自詡為「純粹的京都人」，梅棹在一場名為「七〇年代觀光京都的遠見」之演講中，明言「京都不是觀光都市」，而是擁有首都型產業構成的資訊產業都市。梅棹認為，這樣的京都，徹徹底底是「絕對最上級」的、特別的土地，並且堂堂地將自己的想法喻為「京都中華思想」。梅棹此論，並非出自「京都是日本的故鄉」這種普遍的見地，而是梅棹自身的比較文明論之反映。

梅棹在半世紀之前，就已預言今天所見的西洋文明的全球化，以及伴隨而來的各地方異質文明中部份體系產生摩擦的現象。同時，也指出對西洋的秩序首先帶來衝擊的將是日本，而日本之中的「異質化的精隨」，除了京都別無他想。預言者梅棹忠夫的慧眼再次帶給我震撼，也讓我注意到，梅棹的京都中華思想並非僅僅只是對出生地的依戀。同樣在京都出生成長的我，使我重開眼界的就是這本《民族學家的京都導覽》。這其實是《京都文化論》。

《民族學家的京都導覽》的中文版將正式登場。想到中文的讀者也有機會評定梅棹的「京都中華思想」，我心裡著實歡喜。

吉田憲司（日本國立民族學博物館教授）

人類學家梅棹忠夫的京都案內，從分辨看待京都的他者與京都人的不同觀點開始，運用信手拈來的民族誌資料，再現作為一個人類學家描述其自家都市之二元性的文化記憶。諸如：自我（京都人）：他者（非京都人）；上：下；左：右；左京：右京；東京：西京；內京：外京；上階層：下階層，宗教之都：現代都會，宗教：政治，古代：現代，中華：日本，現代，神聖：世俗；東寺：西寺等，都化為熟悉的日常生活事務，成為京都魅力來源。

王嵩山（逢甲大學歷史與文物研究所教授）

# 目錄

目錄

## V 速寫京都……237

# I

# 京都案內

## 解說

一九五八年冬天，NHK教育電視台為了在學校裡播放的《電視之旅》系列，製作了一個名為「古都．京都」的節目，請我在節目裡解說。那應該是我最早在電視上談論京都吧。由於是針對青少年製作的節目，內容非常平實易懂。

那時候油印的台詞本很幸運地還留在身邊，我趁這個機會把它們收錄進書裡來。由於當初是配合電視節目所寫，如今拿掉影像，效果當然會打折，不過我想對於年輕人理解京都，多少來是有點幫助。

節目當初播放的時間是一九五八年十二月二日的早上，主要在NHK大阪電視台（JOBK．TV）播放。

這一次配合文章收錄，我把文章裡的數字跟年代修改成符合現今情況，標題也改為《引君入京》。

## 盆地

搭乘東海道新幹線從大阪前往京都，列車在山崎天王山一帶從兩旁環抱的山谷間穿過後便進入了京都盆地。左手邊最先看到的是西山連峰，接著最高的一座是愛宕山（九二四公尺）。當列車快抵達京都車站時，往北邊看，您會看到遙遠的另一頭有一些朦朧的遠山，那些是標高低於一千公尺的矮山，綿延成了京都盆地北方的屏障。接著在東邊，有座明顯高於其他山的是比叡山（八四八公尺），沿著比叡山往南綿延出了一道東山連峰。京都這塊土地，就是由西山連峰與愛宕山、北山連峰、比叡山跟東山連峰這三道綿延的山脈所圍塑起來的廣大盆地。這在日本這個山國裡是罕見的大盆地，足夠令人嘖嘖稱奇。

盆地裡，由北邊往南形成了微緩的坡度，在正中央往東邊一點有條賀茂川，從北邊筆直地流往南方。西邊另一頭則有發源自京都北山的大堰川，一路流到南邊時與木津川匯流，接著來自琵琶湖的宇治川也流進了這條河裡。賀茂川跟大堰川這兩條河流最後匯流成淀川，穿越了山崎天王山所形成的山谷往大阪一路而去。

於是京都的三邊便這麼被群峰包圍，只有南邊開闊，稱為南山城地區。這個地區在兩旁低緩的丘陵包圍下，往南延續到了奈良盆地。

ＪＲ東海道線的新幹線跟在來線都只掠過京都最南邊的邊角，如果只是搭車經過京都車站，根本就不算是真正到過了京都。因為京都的市區幾乎全位於京都車站的北邊。

這個城市乍看之下，會讓人誤以為已經變成了一個現代化的大都會，古老況味蕩然無存，可是再仔細一看，便能察覺古寺、傳統的建築物與恢宏的瓦片屋頂都還是原風原貌。此外，這裡畢竟是日本長達千年的重心，市區裡到處都跟歷史頗有淵源，如果一個旅人想踏遍京都的所有古址，那恐怕要花上一個月，不、搞不好還會更久。

全世界裡罕有幾個都市繁榮了千年以上，京都是跟巴黎、羅馬並列的幾個少數之一。日本的一大段歷史都被濃縮在了這塊土地上，也因此，許許多多為了理解日本的旅客紛紛前來京都。

一攤開京都地圖，您會發現幾乎到處都是古蹟。所以各位有機會請務必一定要到京都來玩，用您的雙眼親自探看歷史的痕跡。

## 京城的都市計畫

京都即將要迎接建都一千兩百年紀念*，目前正忙著準備各種慶祝活動。延曆十三年時，京都被立為京城，在京都之前則是奈良。不過當初並沒有馬上就從奈良搬到京都市來，有十年左右的時間，一直準備搬到今天位於京都西南方的長岡京市。可是在長岡京完成前又改弦易轍，決定搬到京都。奈良被稱為平城京，京都則被稱為平安京。

當時恆武天皇的使者為了找尋一塊適合做為首都的土地而來到京都盆地時，那時的京都盆地長成了什麼樣貌呢？我想，群山環抱的盆地裡應當長滿了蔚然蔥鬱的闊葉樹，正中間有浪水滔滔的賀茂川所形成的河川沖積盆地吧。

當時京都還住著原住民，特別是西邊。以秦氏為主的渡海人所形成的集團早已定居此處，北山、東山等山麓邊也有農地。現今很多京都的老神社，如八坂神社（祇園）、北白川的天神宮、下鴨神社還有今宮神社、西邊的松尾神社等，所供奉的咸認為是這塊盆地上的原住民原本所信仰的諸神。

從上空看京都，您會發現京都的道路非常整齊，像棋盤格一樣交叉得方方整整的。古老以前，當桓武天皇決定要遷都京都時，他早在都市計畫的階段就決定要把京都的馬路設計成這樣。

進行新的京城都市設計時，作為範本的是當時位於遙遠東方的唐朝大帝國的首都長安跟洛陽。到現在，還是有很多人把京都比喻為洛陽，把京都市內跟市外稱為「洛中」跟「洛外」，而從其他縣市到京都則叫做「上洛」。

平安京比今天的京都還要來得往西一點，由北而南依序是一條大道、二條大道、三條……九條大道等九條東西向的馬路，正中央則有名為「朱雀大道」的寬敞大道由北而南貫穿而過。朱雀大道以西，稱為「右京」、以東則稱為「左京」（譯註：以天皇的方向為依循，天皇在御所裡坐北朝南，左手邊的東方自然成了「左」、西方成了「右」）。如今這兩個名字仍延留了下來，只是城市早已跨越賀茂川往東發展，西邊的右京則沒有繼續開發。

＊　京都於一九九四年為了迎接奠都第一二〇〇年紀念，舉行了各種活動。

## 朝廷與貴族

剛好位於朱雀大路北邊走到底的地方，有個刻著「太極殿址」的大石碑，那一帶正好是古時候的宮廷所在。據說現在的平安神宮，拜殿就是模仿從前太極殿的樣式所打造。平安神宮的藍瓦、塗上朱漆的圓柱非常優美，而古時候的太極殿就長得這樣，大小更是現今的兩倍左右，可想而知非常宏偉。太極殿就是當時天皇攝政的宮殿。

現在的京都御所要直到很久很久以後才興建，位置也跟原本的平安京宮城王前不一樣，宮殿樣式也絲毫不同。明治維新之前，天皇都在一大群貴族跟女官的包圍下，住在京都御所中，現在天皇雖然搬去了東京，可是直到昭和天皇為止，舉辦就位大典時還是回到京都舉行。

讓我們再回到平安京的話題。朱雀大路的南端有個羅城門，現今已經沒了。羅城門的兩旁有兩間巨大的佛寺，位於左京區的叫做東寺（教王護國寺）、右京區的叫做西寺。如今西寺也不見了，只留下了東寺。東寺的第一任住持正是俗稱空海的弘法大師，如今每個月二十一日的弘法大師忌日，東寺都會大事紀念神誕，而東寺的五重塔也是日本最高的佛塔。

每年五月十五日，下鴨的御祖神社跟上賀茂的別雷神社會舉辦祭典，稱為葵祭。據說葵祭遊行隊伍的打扮跟作法仍維持著當年平安貴族的遊行方式。

當時候，貴族在京都四處興建了氣派的官宅，在寬廣的庭院裡設計了池子，過著奢華的生活。他們在京都郊外也有闊綽的別墅，不過這些別墅如今都已成雲煙。

當新的京城興建完成後，以宮廷為主，文化大鳴大放。在天皇跟太上天皇的敕命下，編纂了許多敕撰和歌集。紫式部的《源氏物語》跟許多文學著作也都是在這古代的京都開花生根的。

## 武士時代

如果說平安時代——也就是古代的京都是貴族的時代，那麼中世紀的京都就是武士的時代了。源氏跟平家以京都為據點發生了激烈的政權爭奪戰，最後源義仲從木曾攻進了京都，而源義經也為了討伐源義仲而來到了京城。京都人對於這些鄉下武士的權力鬥爭只是冷眼旁觀，默默地看著他們來、又默默地看著他們走。

源賴朝被任命為征夷大將軍、將幕府設立在鎌倉後，日本的政治實權被轉移到了東邊。後來足利尊氏在京都成立了室町幕府，又把政治實權給挪回了京都。而那個時代也以將軍宅邸的所在地為名，被稱為室町時代。

京都現在當然還保留著很多那個時代的遺物，不過現在讓我們先來談一下寺院。

三十三間堂（它真正的名字是蓮華王院）是興建於十三世紀、鎌倉時代的建築物。那種在橫條狀的建築物裡擺設整群佛像的作法其實不是首創，早就有了，平安時代末期還有很多三十三間堂，不過如今只剩下這一間。

現今京都的洛中跟洛外有許多禪宗佛寺，如南禪寺、相國寺、東福寺、建仁寺、天龍寺、妙心寺、大德寺等等。這些佛寺除了具有寺院的機能外，在中世紀時，它們更相當於大學。想探究學問的人就進佛寺當和尚，如今還保留著這項傳統。佛寺裡，有被稱為「師表」的和尚，帶領許多學生僧人學習跟修行。這些學生被稱為雲水，如今京都的街上仍看得到雲水僧的身影。

著名的金閣寺（鹿苑寺）跟銀閣寺（慈照寺）也是足利將軍在這個時期建造的別墅。

京都還有很多名氣響亮的寺廟，尤以淨土宗的知恩院、淨土真宗的西本願寺跟東本願寺特別有名、規模特別宏大。西本願寺是豐臣秀吉在京都興建的佛寺。原本京都從平安時代以來就是一個尊崇佛教的都市，但那時候的宗教是貴族的宗教，一直要到中世紀之後，才出現屬於大眾的淨土宗與真宗。

此外，京都更是個文藝之都，謠曲、能劇跟狂言等如今仍在京都十分盛行，京都還有專門搬演能劇的能樂堂。這些也是中世紀的室町時代才在京都發展與興盛起來的。

## 富商的活力

中世紀快結束時，京都市區內發生了慶仁、文明之亂，大部分的市區都被燒毀了，還好在活力十足的商人奔走下，很快又重新復甦。

室町時代結束後，進入了所謂的戰國時代，最終由織田信長趕走了名義上的足利將軍，進入京都一統天下。爾後豐臣秀吉繼承了織田信長的偉業，成為天下之首。

大阪夏之陣時，德川家康攻下了大阪城，掌握政治實權，於是政治中心再度回到了東邊的江戶。

但那時候的宮廷還是留在京都，於是在貴族與上流階層的平民往來之間發展出了華麗的寬永文化，桂離宮就是這個時代的作品。

在嵐山的深處，有間叫做大悲寺的佛寺，裡頭有尊角倉了以的雕像。那尊雕像的神情雖然看起來很可怕，可是角倉了以絕對是近代初期時在京都嶄露頭角的豪傑之一。他雖然只是個做貿易的老百姓，可是他打造了巨型船隻，到海外行商，賺進了鉅額財富。為了把貿易品從伏見運到位於二條木屋町的倉庫，他特地挖了一條運河，也就是我們現在看到的高瀨川。高瀨川很淺，所以船底也做得特別扁平，稱為高瀨舟。

一提起京都的祭典，我想大家肯定會先想起祇園祭。熱鬧喧囂的祇園祭無疑是日本最著名的祭典，而那個節慶非常非常地平民化。我剛剛提起的葵祭自古以來向來是王宮貴族的祭典，而祇園祭則是近代富商——日文稱為「町眾」——的慶典。京都市內那時候有很多新興富豪，包括了以海外貿易起家的角倉家跟茶屋家等，這些人非常活躍。日文中所謂的「町人」是指在大馬路旁擁有店面等不動產的所有權人，而祇園祭——我們可以這麼想——則是這些剛打出天下的町人階層為了展現自己的財富與勢力，所進行的一種類似於示威遊行的活動。町人底下當然還有為數眾多無法躋身町人階層的窮人，而祇園祭時站在山鉾上敲鑼擊鉦的都是那些新興富豪老闆，在底下拉著山鉾前進的則是無法變身成有錢人、住在陋巷中的貧戶。不過現在都是一些趁著祇園祭時打工的大學生在拉山鉾了。

另外，聽說山鉾的鉾柱用的是海外貿易被禁後，無法出海的商船上頭的帆柱來製作的。

## 產業都市傳統

很多人大概都以為京都這地方沒有什麼工商產業，其實不然。京都在進入近代後是不遜於大阪的工商大城，儘管在政府鎖國、禁止了海外貿易後，京都仍舊開創出了輝煌的商業成績，尤其在紡織方面，京都更是全球頂尖的工業重鎮。如今我們仍可在西陣織等織品上，看見這項傳統的呈現。

京都在染製技術也很發達，有被稱為京染、友禪染的優美染織品。京都人在清澈的鴨川上漂洗染好的布，然後把它們鋪在河原上曬乾。

幕末的京都是日本革命運動的中心，在慶應三年（一八六七年）時，時任幕府將軍的德川慶喜終於在二條城內格式最高的房間「上段之間」裡，召集了諸國大名，決議將政治實權還給朝廷，這就是所謂的「大政奉還」。隔年明治元年（一八六八年），首都遷到了東京。

雖然首都被遷到東京，但京都市民對於新的時代潮流非常敏感，進入了明治時代後，京都仍然是全國最早成立各項教育機關的都市。中京區的柳池校便是明治二年成立的日本最早的小學*。目前的洛北高中則是戰前的京都府立京都第一中學，也是日本最早設置的中學。現今的鴨沂高中是戰前的京都府立京都第一高等女中，當然，它也是全日本最早的女校。

京都人還挖掘了被稱為「疏水」的運河，將琵琶湖的水引進市區，製造出全日本最早的水力發電。領先全國，最早行駛路面電車的城市當然也是京都。

二次大戰時烽火連天，京都很幸運地逃過了一劫，免遭戰火燒毀。

* 現在改名叫京都市立柳池中學

## 永恆之都

現在京都市的人口有一四七萬人，市內分成了十一區，分別為上京、中京、下京、右京、左京、東山、伏見、北、南、西京跟山科等十一區。京都市當然隸屬於京都府，而京都府也把府廳設置在京都市內。如果我們用古時候的國名來說，現今的京都府就相當於山城國再加上大部分的丹波國以及丹後國等三個國家。而京都市則位於從前的山城國北半部。

自從天皇在明治初期搬到了東京後，日本首都改成了東京，京都著實衰退了好一陣子，人口甚至萎縮到只剩下二十萬人左右。

幸好京都人在遷都過後的一百二十年間不斷地拚命努力，興建各種產業、促進京都的現代化發展，如今京都儼然是個熱鬧的大都會了。

雖然隨著遷都東京，京都失去了政治領導地位，可是無論過往或現在它都是日本的文化重鎮，京都是學問之都、藝術之都，同時也是宗教之都。

例如它有包含京都大學、同志社大學、立命館大學等二十三所四年制大學，吸引了來自全國各地的學生。在城市的總人口裡，每十一人裡就有一名大學生。這種學生佔市民總人口數的比例之高可以說是非比尋常。

由於保存了眾多歷史古蹟，很多人都以為京都是個觀光城市，可是其實京都也是個產業都市，發展出了各式各樣的精密工業跟時尚產業。

京都市民在珍惜歷史古物的同時，也拚命讓這個城市以新的產業都市之姿昂首跨步、邁向未來。

我前面也提到過，京都正要迎接建都第一千兩百年紀念，再過一百年之後，便是建都第一千三百年了。究竟這個既古老又新穎的都市、這個永恆之都，到時候會是什麼樣子呢？

# 京都案內——洛中

## 解說

岩波書局在一九五〇年代出版了一套《岩波寫真文庫》。這是一套以照片為主的小冊，四六版、三十二開大小、每本六十四頁，非常輕巧便於攜帶，而且內容豐富有趣，很受歡迎，共發行了一百好幾十冊。

這套以照片為主的出版品由岩波映畫製作所負責攝影，岩波書局編輯，另外再請人監纂。監纂者同時也編寫內文，我那時候負責了好幾本。

這套《岩波寫真文庫》裡有兩本《京都案內——洛中》跟《京都案內——洛外》，我負責了《洛中》（註）那一本，《洛外》則由町田甲一先生擔任。雖然這套作品以照片為主，不過把照片拿掉後，光讀文章也能對京都有所了解，所以我就把它們收錄了進來。

京都案內由東寺開始，往西繞著京都介紹一圈，順著這套流程將文章分成了兩條線。一條線是以客觀的短文來闡述每一個地方的情況，另一條線則貼近這個景點來介紹。在此我同時把這兩者收錄進來，短文以框格框起。

（註）　梅棹忠夫監纂、岩波書店編輯、岩波映畫製作所攝影，《京都案內——洛中》（岩波寫真文庫）一九五四年二月，岩波書店出版。

後來曾以菊十六開版型重新出版。
梅棹忠夫監纂、岩波書店編輯、岩波映畫製作所攝影，《京都案內——洛中一九五四》（岩波寫真文庫，再版5A版型）一九八八年十月，岩波書店出版。

## 上路之前

京都有很多值得一遊的地方。有些人覺得既然來到了這裡，希望能在短時間內參訪古蹟景點、欣賞古美術品，最好還能從京都人的言行舉止中窺見一點京都人的生活樣貌、了解他們在想什麼。我說呀，這種念頭真是太貪心了，不過也不是完全辦不到。您可以先參考一下旅遊書籍，把想去的地方列出來，計畫該怎麼安排旅遊路徑。雖然說這份清單由誰來列都差不多，因為大家想去的地方就那幾個，可是不同的旅遊角度會為您帶來不同的新鮮感受。至於幫忙導覽的人，就找個在地的京都人幫忙吧。每到一個景點，對方想到什麼就說什麼，天南地北地閒聊京都，這樣或許能讓您體會到一絲一毫這塊土地看不到的脈動。

出門前，先粗略做一點功課吧，知道一下京都是塊什麼樣的土地。別到了這裡了，人像個劉姥姥進大觀園一樣，給警察先生添麻煩就不好了。現在讓我們先來了解一下京都是個什麼樣的城市。首先，京都的確是個觀光城市，時常被人在這個層面上跟奈良、鎌倉相提並論，不過您必須知道，京都跟這兩地有很大的差別。京都人口多達一百一十萬人，是日本第三大城*。但京都在明治維新時其實只剩下了二十幾萬人。日本的首都遷移到東京後，京都還是繼續成長、茁壯為目前所見的現代都市。它的奇蹟並不只在於保存了長達千年的文化，而是它在跟傳統文化保持連結的同時，也努力發揮一個現代大都會的機能。如果要說全球中有哪些城市跟京都相似，我想我們可以聯想到北京跟巴黎。

京都之所以備受尊崇，最根底的原因在於它代表了日本的古典文化，可是我們不能誤以為這個文化完完全全是孕育自日本這個島國，它也不是日本固有的文化。這個文化是在亞洲整體文化圈形成時，從絢爛的中國大陸跨越了無數的波濤，流入日本而形成。京都除了是一個日本城市之外，它同時也是一個亞洲城市。它是亞洲文化的濃縮版、也是理解東洋文化的說明書。京都歷史就等同於日本的歷史，不過我在此僅簡單提一下。京都建造於八世紀末期，當初模仿了唐朝風格。現今我們說京洛、京洛，「京」就是京城，「洛」就是洛陽。有時我們簡稱為「京」或以洛中、洛外來區分京都的內外，我希望能嚴謹一點地為各位來介紹這些地域的區分，不過現在只能大略概述。

一開始，京都以朱雀大路為中央，分成了左京跟右京。左京後來不斷地發展，原本位於東邊的京極，現在已經變成了京都的市中心了。目前新市區大約佔據了從前山城國的北半邊，形成了上京、中京、下京、左京、右京、東山、伏見等七區**。在舊市區及市中心裡，依然以「上」跟「下」這種傳統區分法來區分區域，例如二條通往北就是「上」、往南就是「下」。京都的馬路整齊得跟棋盤一樣，每條路都有自己的名字，而馬路跟馬路的交叉口則以座標方式來命名。比方說，河原町這條馬路走到哪裡都是河原「町」，這個「町」在此並不指涉一般日文裡用來表示一個區塊的「町」字，而是指稱一條馬路的名字。五條河原町就是五條通跟河原町通的交叉路口，從這個路口往西就叫「西入」、往東叫「東入」、往北為「上」、往南為「下」。京都路名的第一個音節要發重音，京都人對於地名的發音很嚴格，四條烏丸不叫做「Shijou Karasumaru」而叫做「Shijou Karasuma」。好，現在我們對於京已經有了一些基本概念，讓我們從京都車站出發，往西來繞一圈吧。

＊ 編寫本書的二〇〇四年七月一日此刻，京都人口有一四七萬人，為全日本第六大城（譯註：二〇一四年五月此刻，京都人口數約為一四七萬人，亦為全日本第六大城）。

**編寫本書的二〇〇四年此刻，京都新增北、南、山科與西京等四區，共有十一個行政區。

## 直接進口

講到京都裡特別高的建築物，那自然就是東寺塔了。東寺塔堂堂蟄據在九條通的一角，颯颯爽爽。這塔雖然是五層樣式，但京都人不叫它五重塔，一定要押個日文的音韻，叫它「東寺塔／東寺の塔／Touji-no-tou」。不過您千萬別期待它有多麼精緻美妙，否則只有落得失望而歸而已唷。這塔的境內沒什麼綠意，灰撲撲的，透著一片乾澀，佔地廣大的空間裡空曠得嚇人。懂的人說，這就跟中國的佛寺一樣。沒錯，的確應該是像中國的佛寺，畢竟這是在崇尚中國樣式的時代直接進口到日本來的。東寺的首任住持也是放過洋的空海，亦即俗稱的弘法大師。如今每月二十一日是紀念空海忌日的弘法日，只有在這一天，空曠冷清的寺院境內才會擠滿攤販跟人潮。而這種把忌日當成結緣之日的「緣日／神誕」習俗也是從國外進口過來的。

## 東寺

圍塑起京都市區的四條外圍幹線道路分別是東大路、西大路、北大路跟南大路，其中九條通靠近南大路這一帶，自古就是京都南邊的外圍地帶。九條大宮的轉角處有間俗稱為東寺的教王護國寺，是京洛中目前最古老的佛寺。就像它的名字一樣，這間佛寺是為了守護國家而建。它也是真言宗的大本營，如今還保有許多古老建築。金堂、塔、講堂、大師堂、寶藏、灌頂堂、南大門、慶賀門、蓮華門、不開門、北大門、北總門全都是國寶、也全都被列為日本的重要文化財。尤其是寶藏、蓮花門跟不開門，歷史悠久，是平安時代到鎌倉初期的建築物，存放在內的五大明王像、真言七祖像等等，都是跟九世紀以來的密教文化有關連的國寶級古美術品。東寺每月二十一日的緣日，跟北野天滿宮每月二十五日的緣日齊名，為京都兩大緣日。

## 羅城門

從平安京的正中央貫穿南北的朱雀大路，在接近九條大路這一帶有座羅城門，亦寫成了羅生門。羅生門如今不只是日本的一個地名，更是全球響叮噹的名號，可惜只剩下了一個石碑而已。朱雀大路的兩旁各有一座國立寺院，位於左京的是東寺、右京的是西寺。有一段時間，西寺跟東寺一樣寺運昌隆，但現在也只剩下了石碑。九條與西大路一帶是京都的工業地區，近期多了很多工廠，非常有活力。光靠文化跟觀光不足以維持京都的興盛，所以京都向來追求工業發展，努力誘導工廠設廠。

**太夫**

我猜這應該是純日本產物。京都的島原於十七世紀中期搬到現址，據說當初因為搬遷得很匆促，亂得跟史上著名的「島原之亂」一樣，所以被取了這個地名，是真是假我們就不得而知了。島原裡有屬於遊女等級裡最高級的「太夫」，這是從前的知識婦女，能詠和歌、善於下棋，精通待客之道。京都人做生意非常挑客人，即便是旅館，沒人介紹的話，基本上一定會在玄關請初次上門的客人離開。至於太夫那就更不用說，初次見面時有所謂的試會儀式。現在只要您搭觀光巴士去京都島原就能看到這種儀式。我說觀光都市也很辛苦吶，連這種囉哩囉嗦的儀式也得延續下來，更不用提被保留下來的「太夫」本人了。不過聽說搭觀光巴士去的話，有時出來接待的是打工仔扮成的太夫。

## 島原

沿著大宮通往西走，在京都市電*的島原口車站往西拐進去後就是島原遊廓了。島原的東邊有座西本願寺，西邊隔著山陰線路的另一頭則是中央市場，兩相呈現出了非常有趣的對比。如今每年四月二十一日，島原仍舊會舉行「太夫道中」。遊廓裡還保留著一些古老的揚屋（譯註：找遊女來遊玩的宴會場所），以「角屋」最有名，建造於寬永年間（十七世紀）。角屋的柱子上留著刀痕，據說是被幕末新撰組的近藤勇給砍的。

＊ 市電全線已於一九七九年廢線。

### 真宗王國

大家都笑說淨土宗的門徒是「世事一問三不知」，但正因為淨土宗肯定這種門徒一心向佛、不管俗事的態度，才能發展出今天的真宗王國。兩座本願寺——東本願寺跟西本願寺——各自繼承了大谷家的家系，發展出了類似內閣制度的行政體系，管理全日本以及廣達海外的所有信徒。讓眾多信徒願意為了它從日本各地來朝聖。東本願寺跟西本願寺既是吸引信徒前來的重要原動力，京都人自然不敢怠慢，就連當初市電也不敢把路線從東本願寺大門前畫過，避讓了它。兩座本願寺各自經營了學校，西本願寺有龍谷大學、東本願寺有大谷大學，另外也各自成立女子大學、高中跟國中。如今兩派各擁山頭，發展出了彼此的一片天空，而看在一路看著它們發展過來的京都人眼裡，這兩派在性格上還是有點不同。西本願曾經探險過西域，熱中於海外傳道，東本願則跟王室有血緣關係。

## 西本願寺

被京都人稱為「お西さん」的西本願寺就是俗稱的本派本願寺。當初豐臣秀吉提供這塊土地給信徒後，長年佔據在大阪石山本願寺與織田信長對峙的信眾們終於願意解除武裝，搬到這裡來。西本願寺的御影堂興建於寬永年間，為日本國寶。西本願寺還有很多豪華的建築物，如被認為從伏見城遷移過來的唐門跟大書院等。在西本願寺東南邊有個飛雲閣，是從聚樂第搬遷過來的。西本願寺的西邊是他們經營的龍谷大學，大部分的教授都是和尚，大部分的畢業生也是和尚。出了寺門後會看到很多佛具店，從串珠賣到釣鐘。西本願寺位於六條通的西邊，京都就有首童謠唱著：「五條辨慶、六條和尚」。

## 本圀寺

本圀寺位於西本願寺北鄰*，源自於光明天皇（十四世紀）下令將日蓮上人位於相模鎌倉的草庵移建而來。後來遭受戰火波及，現存藏經閣為十七世紀初期之建築物。

＊ 一九七一年遷築至山科御陵現址。

## 東本願寺

東本願寺是在德川家康的時代從西本願寺分家出來的別派，這是德川家康的陰謀，為的是讓本願寺的勢力一分為二。不過話說，東本願寺建造得還真氣派呢，那恐怕是全球最壯觀的木建築物吧？現在的御影堂興建於明治年間，當初堆屋瓦的時候，讓牛隻背著瓦片沿著鷹架爬到屋頂上，把瓦片運送上去。聽說每隻牛一趟只能背兩片瓦片呢。東本願寺跟西本願寺都距離京都車站很近，這件事對京都來說真是太幸運了，因為旅人一下了車站後，首先看到的就是那巍然屹立的僧伽藍，這首先就叫他心裡為之震攝。至於枳殼邸，算是東本願寺的別墅，知名的是它的庭園。這幾年曾經有部分建築遭到祝融之災。

## 戰火之害

大家都說京都逃過了戰火波及，可是其實還是有些地方傳出災情。被丟了炸彈的地方就有兩個，幾百戶人家在政府的強制撤離下，家園全毀。五條通、御池通、堀川通等馬路也是在那之後才拓寬成那麼寬敞的大馬路。京都市民可能是因為自古就飽受戰火之殃，所以連在大戰期間也保持一貫的冷漠態度，並未隨著全日本起舞。京都人跟其他地區的人相比，很明顯地很冷淡，雖然深知跟武力對抗會為自己招來危險，所以絕不反抗，可是也沒有急著綁起綁腿、衝鋒陷陣。因此當時很多人都批判，京都人連在這種時候也這麼保守。戰後聯軍進駐了京都，有些人宣稱京都之所以沒有被戰火燒毀都要感謝美國，所以京都人應該要蓋座高塔來感謝美軍。有些很有力的人士支持了這個論調，但京都市民根本睬也不睬，冷眼旁觀之下最後不了了之。難道這也算是京都人的冥頑不靈嗎？

## 五條

五條從前是下京區的鬧區之一，狹窄的馬路上林立著許多舊衣鋪，目前被拓寬為避難道路，往昔光景不再復見。長講堂位於五條的富小路上，原本是六條御所，極其壯麗輝煌。

### 愛嘗鮮

二條城前有條窄軌的電車軌道，小電車吭隆哐隆地行駛而過。這條軌道是日本最早的市區電車。京都人有個習慣，只要被我們認定為新文明就會迫不及待擁抱，不過京都的新陳代謝很慢，很多事情到了最後總是拖拖拉拉，收拾得拖泥帶水。無軌市區電車就是京都擁抱新文明的一例，也是人家說京都人愛嘗鮮的例證。目前北野到京都車站這一段窄軌市電仍在運行。京都車站在京都人的嘴裡叫做「七條站」，這個站名是相對於山陰線的二條站而來的。搭山陰線的時候如果跑去七條停車場搭車，那絕對是外地來的鄉巴佬，京都人會去二條站搭，如此一來可以省下好幾塊車錢。山陰線連結起了花園、嵯峨、經過了保津峽、進入丹波路。還沒架設郊外電車時，這一段路程主要由山陰線包攬。講到了電車，京都的郊外電車肯定也是全國最早架設的吧。

## 壬生

壬生最有名的就是壬生寺、壬生狂言跟壬生屯所。壬生狂言是每年的四月二十一日，在架高的舞台上用面具所表演的一種充滿了稚氣的傳統默劇。那鏗鏜鏜的樂器聲音，聽在京都市民耳裡是那樣的熟悉與親切。壬生屯所則牽涉到一段幕府末年的故事了，那時新撰組的成員曾經聚集在這間寺廟內。出了千本通後，您可以看到二條站，那車站長得實在讓人懷疑「咦，這真的是國鐵車站嗎？」二條站的東邊有個二條城，緊挨著二條城的南方，是神泉苑跟二條陣屋。神泉苑早在古人打造平安京的時候就有了，歷史相當悠長。據說裡頭的池塘是賀茂川改道後留下來的河跡湖，弘法大師曾在這裡留下知名的祈雨史話。二條陣屋則是從前在京都沒有自己住所的大名，上京時共同使用的旅宿。為了預防暗殺，建築上頗下功夫。

## 二條城

位於二條的二條城不太像是一般城池，它比較像是德川家在京都的別墅。明治時代之後，二條城變成了皇室的離宮，目前則屬於京都市政府所有，開放給民眾自由參觀。二條城的天守閣已經毀損無蹤，不過二之丸御殿還在，裡頭的紙門跟其他建材上還留有很多狩野探幽與其他探幽派的華麗名畫。二之丸的庭園裡有小堀遠州所創作的庭園。戰後，二條城外的廣場變成了簡單的小機場，提供給美軍的小飛機跟直升機等起降。護城河是很棒的釣魚地點，城垣裡，據說還住著狐狸呢。

二之丸御殿是從伏見城遷移過來的建築物，屬於豪華的桃山式樣，由遠侍、式台、大廣間、白書院跟黑書院等五棟建築物組成。大廣間為整體建築群中心，是將軍接見大名的場所。當初德川慶喜就是在這裡，於大名包圍下做出了大正奉還的決定。

## 京城所在

只要付錢，任何人都可以去參觀二條城，但御所就不同了，所以就這一點而言，御所跟京都人的關係似乎沒那麼密切。不過也正因為如此，京都人才會認為日本今天的首都依然是京都，讓京都人的自尊心得到了支撐。京都人並不認為京都已經不再是首都，他們認為這件事仍然是現在進行式。御所是皇室的家，不是離宮，在東京的那個才是皇室的行館。要說證據嘛，天皇即位大典時不是還回到京都來舉行嗎？所以您去問問中年以上的京都人，就會發現這個想法跟「京城所在」這個字眼一直到現在還扎根在京都市民的腦海裡。日本的政治中心無論就實體而言、就形式而言老早搬遷到了東邊，可是京都人還是認為京都才是日本的中心，東京跟大阪不過是二流城市罷了。直至今日，很多京都人寫信時還會寫什麼「前一陣子您上京來時」之類的呢。

## 御所

御所正是皇宮大內，不過現在的御所跟平安京的御所位置差了很遠。從前皇宮的周圍有近衛、鷹司、九條等公卿宅邸圍繞著皇宮，如今這些公卿宅邸的遺址已經成為廣闊的御苑，是民眾打棒球、捕蟬、散步跟密會的場所，這裡禁止汽車通行。從御所的南邊，由丸太町進入堺町御門的話，會看到東邊隔著優雅的松樹林後頭坐落著仙洞御所跟大宮御所，正面則是皇居的建禮門，紫辰殿跟清涼殿就在裡頭。

皇居內部固定於春秋兩季的某些日子裡開放給民眾參觀。紫辰殿是御所的正殿，首都遷移到東京後，天皇的即位典禮仍舊回到這裡來舉行。至於「聖賢障子」則是北邊的紙門。南邊的南廂十八階梯左邊種了左近櫻、右邊種了右近橘。清涼殿跟紫辰殿都是仿造古樣式的寢殿建築，可以從這些建築裡大概了解平安時代的天皇是住在什麼樣的房子裡。近世後，另外打造了小御所跟常御殿來做為宮廷生活使用。

## 守舊與革新

京都一如所見，到處充滿了舊東西。它是個傳統的市井、保守的都市。但不曉得為什麼，京都府知事跟京都市長統統都來自革新派，嚇了全日本國民一跳。倒底是怎麼一回事呢？有各種說法。有人說京都人雖然表面上對政治很冷感，但內心敏銳，故而總是早一步察覺出時勢的變化。也有人說，京都人對於自己的固有文化很有信心，所以可以包容外來的新思想。還有人說，那是因為京都人平常累積了太多傳統的沈重壓力，於是爆發了。這些聽起來都很有道理，但真正的理由就連我們京都人自己也不清楚。總之，京都除了有頑強守舊的一面，也有前衛革新的一面。例如在日本被稱為「京女」的京都女性就是一例。京女是傳統典雅的代名詞，可是這樣典雅大方的京女同時也在被認為是解放後的近代女性象徵的女子運動界裡，長期保有領先地位呢。

## 府廳與市政府

從前平安京的宮廷要離今天的御所西邊很遠。現在的千本通正是以前的朱雀大道，而據說千本丸太町一帶就是以前太極殿的舊址，立了一個石碑。千本這區域包含了俗稱的西陣京極，是上邊（譯註：以御所為中心，京都人慣稱御所以北為上，以南為下，東為左，西為右）的鬧區。也是能喝到比原價還便宜的啤酒的庶民天堂。府町位於下立賣通與釜座的交叉口，市政府則位於御池通跟河原町通的焦點，兩者都位於中京區的中央。那一帶也是京都舊市區的中心。

## 產業都市

京都雖說是京城之地，但再怎麼樣也不可能光靠穿著傳統長袖的那一票人還有神官、和尚就撐起這個大都市。近代京都是製造業時代裡第一級的產業都市。紡織業以西陣為中心發展，雖然現在不像全盛時期那麼發達了，但無疑還是京都最大的產業。從事「織屋」行業的人家裡，有些人自己買了紡織機、進了織線接單編織；也有些把單子再分給下游去做。從前京都有很多下游的紡織師傅，他們不但從上游的大型紡織商「織元」那裡拿織線，連紡織機跟房子都是跟織元租的。這些人從擺在了昏暗長屋土間裡的紡織機上，一線又一線地織出了豪華的西陣織。這些師傅稱為「織子」，織子將做好的織品交給織元，而織元則負責照顧織子的生活，即使是在對方沒有工作的時候也一樣。這種制度具有不夠現代化的面向，這是西陣織之所以前景黯淡的原因之一，也是京都前途的隱憂。

## 西陣

堀川通以西、丸太町通以北的這塊地區佔據了大部分的上京區，是俗稱的西陣，也是知名西陣織的大本營。西陣這個名字來自於應仁之亂時，西軍統率山名宗全（譯註：室町時代與東軍細川勝元為爭權引發了應仁之亂，戰事由應仁年間延至文明年間，又稱應仁文明之亂）把陣營駐紮在這裡而來。其中心位置大概就位於今出川通的大宮一帶吧。那裡有織物館，也有塊大石碑記載了西陣的由來。織元、仲介、織品大批發、銀行等等也都聚集在那一帶。西陣跟中京室町一樣，都是最能展現京都町眾生活傳統的區塊。沿著今出川通出了千本通後，往北走會看到釋迦堂。這是國寶，目前正在修理中。以定義來說，西陣只到堀川為止，跨在堀川上的那條一條通橋又名為「戾橋」。由於「戾」在日文裡有「返回」之意，畏於名字的咒力，新娘子可不能走這條橋，但出征軍人得走。以前傳說這裡有個鬼女，但堀川在二次大戰中，為防止空襲而擴通成了疎開道路後，已經完全感受不到一絲一毫的鬼故事氣息了。

### 火災

火災跟吵架是江戶人的熱鬧本事，但京都人可不同。最讓京都市消防局頭大的，是市內的大量國寶跟重要文化財的守護問題。但無論再怎麼守得滴水不漏，要是有人從裡頭放火，還是一翻兩瞪眼吶。足利義滿的榮華見證、北山鹿苑寺的國寶金閣寺就在一九五〇年（昭和二十五年）的七月某個深夜，毀在了一個黃口小禿僧的手上。那是個混沌年代裡的憾事。老住持當天就發願重建，行腳日本各地化緣。幾千樣國寶跟重要文化財聚集在一地，到頭來還是件不可小覷的事。因為那不只是單單存在而已，每一樣都是撐過了兵亂、大火、突發事故後才能到今天依舊存在。京都有條兒歌這麼唱：「京呀、京的大佛啊，天火燒哪燒，燒剩了三十三間堂。啊啦咚呀咚呀咚，叩啦咚哪咚哪咚。」

（註）　京的大佛即豐臣秀吉開基的方廣寺，曾於一七九八年（寬政十年）毀於雷火。

## 北野

被京都人稱為「天神桑」的北野天滿宮是全日本天神信仰的中心。相傳社殿為豐臣秀賴打造。豐臣秀吉為了區分京都市內外所建的土牆目前還在，位於境內的紙屋川沿岸。北野天滿宮以其祭神菅原道真所喜愛的梅花聞名，至於紙屋川另一頭的平野神社則是賞櫻勝地。往西一點還有間等持院，為足利家世代家廟，殿中羅列著足利尊氏與其十二代傳人的木像。

## 金閣寺

從平野神社後頭沿著西大路往北，到了北大路拐個彎的地方就是金閣寺了。它就坐落在衣笠山腳下的蔥美森林裡。燒掉的金閣寺可不只是名字漂亮而已，它的確蓋得堂皇軒昂。尤其是名為鏡湖池的寬敞池塘跟背景的衣笠山搭配成了諧和悠遠的美景。金閣寺的庭院名氣響亮，用高低起伏寓意出了深山幽谷的意境，同時也賦予了各個場景艱澀的名諱。茶室夕佳亭以南天竹的床柱跟胡枝子違棚馳名遠近，但那又代表了什麼呢？對現代人來講，不過就是難以理解的古人雅趣罷了（譯註：床柱為茶之間最顯眼的柱子，足以彰顯出主人的巧思意趣，南天竹細弱歪扭，難能做成床柱，因此更顯難中之巧。違棚是高低錯落的棚架，用來配合室內主題陳設物件）。

### 味覺

大德寺跟南禪寺這一類大禪寺的附近一定看得到普茶料理的招牌，這些是供應精進料理的餐館，主要做的是佛寺的外送生意。普茶料理一概不使用肉品，頂多只有外表看起來像是一般葷菜。滋味則分成了清爽跟甘美兩大宗。包含普茶料理在內，幾乎所有的京料理都以清淡為主流，有別於江戶的調味、大阪的高湯味，京都重視的是食材本身的原味。京味雅淡，纖細而深妙。就連做天婦羅跟壽喜燒也有這種傾向。這原則不只適用於餐館，也滲透到了一般家庭的廚房裡去。有句俗話說大阪人吃到破產、京都人穿到破產，其實真要計較起味覺的洗煉度，所有京都人都會相信京都肯定掄冠。京都人裡也有不少批判傳統文化的近代主義者，但這些人在講到味覺上，也絕對說是京味第一。在味覺方面最好別隨便挑戰京都人，否則哪，只會自討無趣而已。

## 紫野

從北大路往東，繞過了船岡山之後便是今宮神社跟建勳神社。後者祭祀著織田信長。紫野這一帶近年來雖然發展成了熱鬧的住宅區，但幾年前為止，它還是京都的郊外。大德寺根本是市內的小學生郊外遠足時去的地方。大德寺為禪宗大寺，也是京都十大剎之一。一休和尚以前在這兒修行。它跟相國寺都為古裝劇的外景貢獻了不少力量。有種「大德寺納豆」，據說是由以前守衛大德寺的武士後代傳承販賣。

## 大德寺

南北一直線上配置了勅勒門、山門、佛殿、法堂跟庫裡（譯註：寺院裡調理伙食的廚房，目前多為僧侶住所），庫裡的東邊接著是方丈（譯註：舊時住持生活的多目的空間，提供住持與弟子、信眾使用）。方丈裡，有狩野探幽畫的四季山水紙門、小堀遠州設計的庭園。勅勒門跟唐門都是桃山時期的建築物。山門上層安置了釋迦三尊、十六羅漢像跟千利休像。境內有好幾個高僧死後，弟子為了守護其墓而在墓邊興建的小寺院「塔頭」。蓬萊庵為茶人松平不昧所建，庭園則出自小堀遠州。大仙院的牆壁、紙門相傳為狩野元信、相阿彌所繪，庭園也由相阿彌設計。聚光院的紙門則出自狩野永德之手。此外寺內還收藏了眾多寺寶。

### 山明水秀

京都雖美，但要深入賞玩京都之美卻很花錢。無論京料理、美術、工藝、西陣織等，樣樣都是高檔貨。要是到御所或祇園等地去玩的話那更是再多錢也不夠。京都可不是個為了滿足庶民愉悅所成立的地方，唯有一樣東西例外——景色。這是任何人都能免費欣賞的存在。無論早晚一律山明水秀的風光，如今已成俯拾可得的字句，京都裡大概沒有一間小學或國中的校歌裡沒有加進了「山明水秀」這個字吧？老實說，還真美！您站在出町的橋上往北邊望一望，或者站到東山某處向洛中眺望，您會發現那絕對是非常日本的美景。有時候觀光客跟導覽的人一不小心便被名所舊址的故事跟來歷給呼攏住，忘了要欣賞毋須言語說明的景致風光，這實在是很可惜。

## 賀茂川

從大德寺沿著北大路再往東走，就會抵達賀茂川上的北大路橋。從這一帶眺望的北山是那麼地颯爽清美。賀茂川接著往下流，到了出町跟高野川匯流在一起，名字改成了同音異字的鴨川（Kamogawa）。河川沿岸上半段種了松樹，下半段種了柳樹，風情雅緻。因為這是條小川，時常氾濫，還好近幾年來加強了防洪堤防的設施，一點小雨來的話倒不致於氾濫。京都著名的友禪染從以前就在這條河裡唰呀洗呀，目前還是這樣。河水倒是清澈。

## 祭典

京都人對於「傳統」這回事抱持著一種確切的視覺印象，因為我們每年都看著王朝時期的轎子在市街上典雅前進、騎馬射箭的人疾馳飛箭。在京都一提到了祭典，那當然就是賀茂祭，也就是五月十五日的葵祭。這一天一到，千年的時光鴻溝彷彿不再存在，而糺之森那片森林，搞不好早在平安京之前就跟我們現在看到的一模一樣。說到祭典，再多聊一件吧。葵祭是王朝貴族的熱鬧活動，至於祇園祭，那就是近世町眾的場域了。前者優美典雅，後者豪放華麗。跟這兩大祭典相比，平安神宮的時代祭實在讓人看了索然無味，甚至連神田祭跟天神祭也像是鄉下人的熱鬧一樣。這麼說對當地人或許很失禮，但這是京都人的心底話。

## 下鴨、上賀茂

東京的神社規模小鄙，看起來忸忸怩怩的很不大方。論寺院、論神社當然要以關西為本家，尤其是京都。下鴨神社正是這麼一間端嚴高雅的神社。它鄰近的下賀茂神社又叫做別雷神社，這裡則別名御祖神社，兩者合而為賀茂神社。兩間神社的歷史可以上溯到神代時期（神武天王即位前，約紀元前六六〇年之前），社殿早已被指定為國寶。著名的葵祭正是這兩間神社共同舉辦的祭典，到現在，從御所出發的葵祭遊行隊伍裡還有敕使參加呢。下鴨這地區，有松竹電影公司的片場*。

＊ 片場已搬至右京區的太秦。

## 學生

京都人不像東京人對學生那麼不屑，老擺出一副「啥呀，原來是學生呀」的態度，到現在，京都人還是禮禮貌貌地叫學生一聲「學生桑」。京都的大學多達二十所，以京大、同志社、立命館各一萬人為首，加總起來也佔了這城市的相當人口。京都是個學生之城，吸引了來自全國各地的俊傑，培育出近代日本的偉大領袖。如果說，東京的大學是支撐起日本這個官僚國家的主幹，那麼京都的大學就是孕育出日本自由主義的溫床了。一脈相承至今的自由之鐘，今天仍響徹京洛各地，鼓舞一代又一代的民主鬥士前進。學生的熱情是狂暴的，時不時逸脫出了社會的框架。學生的思想是激進的，行動莽撞。但京都人早就習慣了學生乖離體制、狂狷叛逆的行為，反正大家畢了業後就會沉穩一點，年輕時放縱一些又有什麼關係呢。

＊　現今擁有二十三間四年制大學。

＊＊目前京大學生人數為一萬三千人，同志社為兩萬兩千人，立命館為三萬五千人。

## 同志社

同志社位於御所北邊的今出川通上。新島襄在明治初年創辦了這所日本最早的基督教大學時，學生只有八人，但現在已經成為含有大學、女子大學、高中與中學的一所大學府了，尤以神學部極為有名。位於同志社附近的新島襄故居如今仍保留昔日陳設，讓人一窺往日時光。東山的若王子山上有座基督教墓園，這位偉大的先知就長眠於此。

### 大本山

人家說京都有八百零八寺，這個數字絕不正確，我說肯定有這個的一倍。寺院多得不得了！要像南禪寺或大德寺這類大寶坊，那可不是一寺一院就結束了，而是一個大體系，體系下有諸多所謂「塔頭」的小寺院。這些塔頭都有信眾供養生活，這才是最不可思議之處。天台、真言、臨濟、曹洞、淨土、真宗、日蓮這些大宗派就不用說了，律宗、時宗等小派也在京都設立。京都市內有很多宗派的大本山，經歷了創教到傳教的長久歷史。可能對所有派別來說都覺得在京都設置本部是件攸關門面的大事吧。反過頭來，好像只要在京都有寺院的都可以宣稱它們自己為本山的樣子，於是戰後頒佈了宗教法人法後，京都出現一堆大本山。看來佛法在現世應當很興盛哪。

## 妙顯寺．廬山寺

妙顯寺位於新町沿著今出川通往北的地方。當初天台跟真言的勢力太強盛，日蓮宗無法在洛中落腳，這裡是它們最初的據點，境內有尾形光琳的墳墓。廬山寺位於御所的東邊，原本是淨土宗體系下的一間小寺院，後來獨立出來成為天台圓淨宗的本山。這間寺院在節分時會舉辦一種很奇特的追儺儀式，叫做「鬼法樂」，非常有名。真的會有鬼出來跳舞唷。

## 相國寺

從今出川通往北看，會看到一間被圍在同志社校園後的大寺，那就是京都五大本山之一的臨濟宗大本山相國寺。開宗住持為夢窗國師，據說是足利義滿下令興建，但應仁之亂時成了激戰地，全被燒毀了。後來秀賴重新興建了本堂（法堂）。那也是日本現存最古老的中國式禪宗建築的法堂。寺寶極多，以長谷川等伯畫的《猿猴竹林圖》六曲屏風及圓山應拳所畫的紙門最有名。

### 賣花

北白川這一帶是都市跟鄉野的交會處，農家與近代住宅風景並存。往昔沿著北白川分布的農村名為白川村，屬於北白川宮家的領地。當地居民以賣花維生，把花綁成束頂在頭上，沿路走到洛中叫賣，打扮跟大原女很像。白川女賣的花主要是供佛的，她們記熟了熟客的忌日，那天一到就趕緊在一大早把花送到熟客家，就算熟客的門還沒開也默默擺了就走。這種做生意的方式直到今天還是可以在京都成立。可是即使是像京都這樣不太改變的城市，這兒、那兒還是慢慢地起了變化，新市區慢慢往周圍擴展，吞噬了許多老農村。這些農村常常隨著農地消失而消逝，還好賣花的白川留了下來。現在住在這裡的某戶身穿洋裝的知識婦女隔壁，可能就住著腰綁三幅前垂、手腳綁上了護具的傳統賣花女。不過如今呀，連賣花女這行業都有臨時裝扮出來的仿冒貨了。

## 京都大學

今出川通往東走，到了東大路這一帶叫做百萬遍。百萬遍這裡，毫不例外地也有間大寺。寺院的隔壁跟對面全是京都大學的土地，這一帶都屬於京都大學。往南一點的本部校區裡有座鐘塔。京都大學共有八個學部、醫院、吉田分校（舊制第三高等學校），廣大的校地形成了一個大學城。學校為了紀念湯川秀樹教授獲頒諾貝爾獎，在北校區的理學部附屬植物園的一角興建了一間湯川紀念館，似乎已成為京都的新景點。

## 吉田

從位於京大本部校區跟吉田校區之間的馬路往裡走，碰到吉田山的地方有間吉田神社了。那裡就像是諸神的百貨公司一樣，去到那裡，什麼願望都找得到神幫您實現。講得直白一點，就像日本諸神全都聚在那裡組織國會一樣。吉田神社是創建了吉田神道的占部家本部，手裡握有全日本神祇的地位調整權力。這裡的追儺儀式非常出名，節分時總會有吸引無數參拜者來湊熱鬧。附近還有一些世襲神職人家的老屋舍「社家」。

### 聞香

有種所謂的聞香。將香點燃，聞味道——噢不，是去用心聽辨點的是哪種香、猜一猜的遊戲。這種技藝遊戲又稱為香道，據說興建了銀閣寺的足利義政正是箇中好手。另外還有種所謂的茶歌舞伎，也是從茶香跟滋味去猜測的遊戲，這又跟所謂的茶道不一樣。聞香跟茶歌舞伎都是非常標準的京式娛樂，附庸風雅、閑情逸致。人家說京都跟北京、巴黎一樣，都是有錢階級的天堂，有很多不需要工作，又有錢又有閒的人。這些人的存在沒什麼不好，部分京都學藝技術就是在這些人的支持下才維持下來的。

## 銀閣寺

今出川通走到底，到了山腳邊有間銀閣寺。銀閣寺是俗稱，正式名稱為慈照寺。這裡原是喜好風雅的足利義滿仿擬金閣寺所打造的山莊，不過沒有金閣寺那麼輝煌壯闊，也只搭了兩層而已（金閣寺為三層），建物上也沒有貼滿銀箔。銀閣寺跟義政的書院「東求堂」已被列為國寶。這裡的庭園很有名，屬於回遊式庭園。另外，方丈庭園則以白砂堆成了象徵銀沙灘與向月台的枯山水。

### 觀光

銀閣寺這地方打從一開始就模仿金閣寺，但又比不上人家，不過自從金閣寺被放了一把火燒光後，觀光客全湧到這兒來，銀閣寺大發利市。寺方放起了解說錄音帶，美軍摟著紅唇女子一起來玩。過沒多久，寺前馬上形成了門前町，可是這門前町有種說不上來的猥瑣。外地人笑說京都人什麼景點古蹟都恨不得拿來發財，暗說我們是個賣春都市就是了。可是京都人有這麼窩囊傻氣嗎？傻到跟著觀光熱潮起舞？是鄉下人自己跑來的。京都市民的確投票決定要讓這個城市走向國際文化觀光都市的路途，現今市內也有兩百輛觀光巴士，每年有超過一百萬名觀光客*。可是絕大部分的京都市民，都不住在這些觀光景點附近。大多市民對景點根本一無所知，也沒興趣了解。而觀光客所看到的京都跟市民心裡的京都很可能大不相同呢。所以所謂的國際文化都市，究竟是什麼怎麼回事呢。

* 二〇〇三年觀光客人數已突破四千萬人。

## 法然院

從銀閣寺沿著疏水往東山腳底下繞的那一條路，可以說是京都最美的一條散步小徑。春天被花朵妝點成了百花隧道。這條小徑是哲學家跟學生最愛走的路，一路通到了鹿鹿谷的法然院，那兒有知名學者濱田耕作跟九鬼周造的墳墓。屬於淨土宗的法然院是嚴禁女人的修行場域。法然院這個名字也透露出了這裡曾經是法然上人源空草庵的歷史，後來這裡被知恩院的心阿上人重建。據說建築形式曾參考後西天皇的皇女——誠子內親王的宮邸。

## 真如堂・黑谷

過了法然院再繼續走，就到了真如堂跟黑谷。真如堂本名真正極樂寺，本尊是從叡山延曆寺的常行堂迎請過來的阿彌陀如來。每年會從十一月六日，連續十個晚上敲鐘，進行所謂的「御十夜法會」。黑谷本名金戒光明寺，可是京都人從不這麼叫。這間大寺在一九三四年（昭和九年）時曾經燒毀過，但即刻重建。塔頭熊谷堂是法號為蓮生坊的熊谷次郎直實隱居之地。附近有個橘南谿的墳墓。

### 京都話

「啊啊真如堂，吃個黑谷桑／ああ真如堂、めし黒谷さん／啊啊好累，先吃個飯吧」——這句諢語跟「肚子兵隊桑、吃個九連隊／はら兵隊さん、めし九連隊／

肚子好餓，不能先吃個飯嗎？」逗的是一樣的哏。「啊啊真如堂」乍聽下可能有點難懂，這是京都話的諧音笑點，發音剛好跟「啊啊好累／ああしんど／aa-shindo」一樣。京都話不能胡亂稱之為京都腔，因為京都話就是京都話。自從明治政府胡亂實施了暴力的中央集權文教政策後，一種不可解的關東腔被謂之為「標準話」在全日本各地氾濫。可是京都人人都覺得京都話高雅多了，所以標準話雖然也被推廣到京都，但只改變了幾個單字的說法，其他在發音、文法、習慣說法上全都維持原樣。外地人一聽到京都話，好像總會聯想到柔和的女性語調，但這個想法太過一廂情願。您去大學看看，男性也同樣講著一口京都話，但語調輕快，暢情討論理論物理學、遺傳學、東洋學等等學問。京都話就是這種語言，是全球數一數二的文化語言。

## 京菓子

在京都，從車站賣場到任何有觀光客上門的神社佛寺前一定看得到這些紅色的小盒子。觀光客真的這麼愛吃八橋呀？大家可知道八橋這著名的京都煎餅為什麼會做成了兩側彎的弧形嗎?據說那是模仿八橋檢校(譯註:一六一四—一六八五,江戶前期的音樂家,檢校為盲人官職的最高職等)的琴。京都的菓子每樣都有囉嗦得不得了的來頭跟格調。八橋比較平價,主要賣給觀光客,其他還有很多上等的和菓子。這些上等點心從前可是送進御所跟公卿家的貢品,現在御所附近還有不少這類老字號名店。這些店重規矩,買東西時要是說「給我一份」可是要挨罵的,最好客客氣氣地說「如果有多的粽子,能不能分我一個?」這話裡的意思是說一般老百姓是撿人家獻給御所後剩下的點心。這種習氣一直維持到了大正時代。

## 聖護院

從天王町出了黑谷,朝著丸太町通往西走後會來到熊野。熊野再往西北邊走,馬上就碰到京大醫院,往東北邊走,後頭那一區就是聖護院的地盤。聖護院是山岳宗教修驗道(譯註:日本的獨特宗教,揉合了山林信仰與佛教觀,避居山林裡修行。修行者稱為「山伏」或「修驗者」)的大本營。現在每年還會出動上上下下的修行者,全部穿成山伏裝扮,吹奏法螺,一路從聖護院出發走到大和的大峰山去。御所焚毀時,這裡曾經被當成臨時皇宮。

聖護院亦是「八橋」的發源地，每天都飄散著製作八橋的香氣。說到這，我認為未經烘烤的生八橋絕對比烤得乾巴巴的八橋煎餅好吃多了。

## 漆器

熊野東南方，在以前的警察學校那裡有間武德會的武道專門學校，是日本武道聖地。武德會裡還有個引自疏水的游泳池，有人在那邊教授小堀流踏水術。京都孩童沒什麼可以游泳的去處，所以大多都來這裡學游泳。

京都是個工藝重鎮，尤以漆器聞名。從桃山時期一路把傳統傳承至今，尾形光琳（一六五八—一七一六，江戶時期的重要畫家與工藝家，創立了琳派，風格唯美細膩。其弟尾形乾山亦為重要陶藝家與畫師）等人發揚光大的京蒔繪，到了今天仍舊孕育出了一件又一件纖細而華美的作品。最近大多被外國人買走。

## 岡崎

岡崎公園那塊地以前是白河上皇掌理院政的法勝寺舊址。京都市的動物園、美術館、勸業館、公會堂、圖書館、運動場等公共文化設施都集中在那裡，也包含了平安神宮。我之所以說平安神宮也是公共設施之一，在於它是京都最大的結婚會場了。這地方仿照王朝時期的大極殿興建，於明治時代落成。色彩鮮豔，外地人來看了總驚豔不已，但京都人覺得它是京都最俗氣的神社，坊間有這種批評聲浪。

## 疏水

京都人在逢坂山跟東山打洞，把琵琶湖的水引到京都來。這個創意實在讓人驚嘆。設計者是工學博士田邊朔郎。聽到博士這個頭銜，總叫人誤以為他是個老學者，其實疏水這項水道設計是他的大學畢業論文。當初決定採納這項設計的知事很有遠見。這件大工程在一介年輕技師的主導下，只花了幾年時間就在一八九〇年（明治二十三年）完成了。能在十九世紀完成這樣的工程實在是京都的福氣，因為這讓京都有資格在二十世紀一躍成為近代都市。首先，疏水是日本最早的水力發電廠，來自水力發電的電力推動了日本最早的市區電車，也帶動了工廠興盛。它在一個沒有動力資源、以手工業為主的都市裡，帶動了產業革命。京都也因為疏水，而得到了琵琶湖這個永遠不擔心缺水的大水源。

## 蹴上

過了岡崎繼續走，就來到了蹴上。這裡是大津通往京都的門戶，疏水也從這裡流向疏水隧道。輸送貨物的小船就擺在水道上的平台，經由斜面軌道一路往下衝。水也奔下了劇烈的高度落差後流向水力發電場。老舊的發電廠牆壁上頭還介紹著田邊博士的功績。這棟建築物目前是京大的迴旋加速器研究設施。也有淨水場，以數量龐大的杜鵑花聞名，每年五月開放給市民參觀。附近有間常有外國人旅客的都飯店，還有賣京料理的瓢亭。

## 南禪寺

走過了疏水上的橋，沿著兩旁種植松木的路直走就會看到南禪寺。山門很大，傳說以前江洋大道石川五右衛門就住在上面，俯望著京都美景讚嘆「真是絕景哪」。山門後的本堂曾於近年重建，更後面的方丈建築物則是天正年間（十六世紀末）從舊御所移過來的清涼殿改建而成，每個房間都留下了狩野派繪製的紙門。塔頭金地院的方丈為桃山城遺址，八窗茶室及庭園相傳都出自小堀遠州之手。

從永觀堂往南禪寺的方向，沿著東山的山腳走的這段路非常舒服。這裡沒有觀光客來，清幽靜好又雅緻。回程時，可以順道到湯豆腐店去吃碗湯豆腐，也挺愜意。

## 雲水

禪宗的寺院同時也是學堂，學僧的頭頭被稱為「老師」，地位與一個宗教團體裡的最高領導者「管長」並駕齊驅。老師底下帶著許多修行的雲水。京都除了是一個學生的城市之外，也是雲水的城市。修行的雲水行列長長喊聲「喔——」後走出了禪堂，在京都的大街小巷上繞行。京都目前還有七個這樣的禪寺，分別是南禪寺、大德寺、相國寺、建仁寺、東福寺、妙心寺跟天龍寺。雲水從寄宿的修行道場結束修煉後，一般會到某間寺院當住持，可是年輕時得先經過很苦的修行。雲水僧的餐事簡樸到會令人擔心光吃那樣的東西真的活得成嗎？戰前一些有錢的町家老爺有時候會請幾位雲水到家裡來用餐，名為供養「點心」。這一天在事前取得寺方默許下，不管是牛排、壽喜鍋或天婦羅統統端上桌，吃什麼都沒禁忌。雲水僧真的很能吃。不曉得這種比較合理的習慣，現在變得怎麼樣了。

## 青蓮院・知恩院

從蹴上沿著三條通往西走，這一帶是粟田口，以前住了很多刀匠跟陶工。從這裡折向南方，就會走到青蓮院。青蓮院別名粟田口御所，代代都由皇族繼承。書道青蓮院流正是後來的御家流。青蓮院的庭園向來備受讚賞，名氣很響亮。再往南走，會到達知恩院。這裡是淨土宗的總本山。知恩院跟東、西本願寺都是很興盛的大寺，也是開宗祖師法然上人的故居所在。這裡的山門大概是全日本最大的，本堂（御影堂）也很氣派。本堂的鶯張地板很有名，走過去時會發出唧咿唧咿的聲音。這種以聲響來防盜的木地板在其他地方也有。御影堂的屋簷裡放了把據說是江戶初期的名匠左甚五郎忘了帶走的傘。至於為什麼會把傘忘在那個地方，眾說紛紜、沒人知道。

### 定型

京都的名勝場所跟漢詩很像，許多小地方都讓人覺得似曾相似。第一眼瞧見它時，您會覺得心情好像很輕柔，可是這些小細節背後其實各有典故來頭。要聽了解說之後，才曉得「哦，原來是這麼一回事呀」。這些都不是訴求直覺感受的藝術品，這一點在建築與庭園上也不例外，如果不事前做點功課，到了現場就無法領略其中奧妙，因為您會看不懂同一類型的東西彼此間有什麼微妙的差異，又是孰優孰劣。說到這一點，京都實在很無聊，怎麼會有那麼多景點都用一樣的噱頭呢？無論是鶯鳴地板、虎渡庭園或南天床柱，只有一件的話，看的人自然會覺得妙趣橫生，讚嘆不已，可是到處都有的話就讓人厭煩了。不管解說的人再怎麼口沫橫飛，聽的人只覺得「天哪，又來了。」這一點，京都跟漢詩很像，都過於定型化。

## 大谷

本願寺本來只有一間，後來分道揚鑣變成了東西兩間，據說背後有種種複雜因素。不過幸好雙方也平和地協議好，均分了祖師爺親鸞上人的遺骨，各拿一半去蓋廟。於是就出現了東大谷與西大谷這兩片墓地。本願寺一開始就主張信眾不應該個人的墳墓，大家都應該到大谷這裡來納骨。我說這真是宗教中央集權與簡素化思想的大創意。大谷附近的長樂寺境內有賴山陽跟賴三樹三郎的墳墓，再往上走的話，會到將軍塚。

### 祇園

說到京都風情，人人聯想到祇園。提起京都歌謠，大家就想起《祇園小唄》。歌裡唱著圓山篝火、舞妓跟下垂的腰帶。說真的，京都市民裡到底有幾個人真的有能力去祇園玩耍？觀光客裡，又有幾人真嚐過了祇園的浪漫情趣？連想看舞妓走路的姿勢都得碰運氣了。那是個跟平民老百姓無緣的世界。說起來，祇園有一點很不可思議，不知算是保守或尊崇傳統，至今仍守著一套驚人的規矩。連戰爭前後那樣動盪的時代，都沒有摧毀它元祿時期的遺風。基本上，祇園也適用勞動基準法，但適用歸適用，至今仍有一位又一位的少女，在這裡塑立了她們將歌舞音曲看成與生命等重的獨特性格。最近很流行來京都畢業旅行時請舞妓到下榻的旅館表演。那些跟舞妓年紀差不多的高中女生，看著眼前夢幻般人物時，我想肯定是屏息凝神地默默以目光守護吧。

## 圓山

圓山公園是京都市民很熟悉的場所。春天的夜晚去賞夜櫻，點起篝火，整個公園裡到處都在喝酒玩樂鬧呼呼的。那棵名景垂櫻枯死後，又重新種了一棵新的小櫻樹。這裡也曾經是抗議活動、大會以及警官隊奮戰過的地點。公園一角有間雙林寺，說是天台宗的祖師最澄所創建，這樣算起來的話歷史很悠久。西行法師的墓也在這裡，前頭是西行庵，旁邊是俳聖芭蕉的芭蕉堂。另外還有江戶書畫家池大雅的碑跟許多古蹟。八坂神社被京都人稱呼為「祇園桑」，祇園祭不是祇園花街的祭典，而是祇園桑的祭典，所以才叫做祇園祭。

## 四條通

走出了祇園桑的朱漆大門，步下了石階後，眼前就是四條通。因為忠臣藏裡的領導者大石內藏助曾流連忘返而出名的一力茶屋目前還在四條通的南側營業。往西走，會來到鴨川上的四條大橋，橋邊有間南座。四條河原町這個街角以前非常熱鬧，到處都是戲臺跟雜耍棚子。傳承自阿國歌舞伎的南座跟北座以前都在這裡，現在北座沒了。南座是棟古典的鋼筋混凝土建築物，從每年歌舞伎新人公演的「顏見世」到少女歌劇全在這裡表演。

## 先斗町・高瀨川

鴨川西邊、介於三條通跟四條通之間的區域是先斗町。這裡的花街為了跟祇園公演的《舞京都》對抗，也舉辦了《舞鴨川》。這兩種表演都很受歡迎，因為提供了一般人一個觀賞一流藝者表演的機會。夏天時，鴨川旁的茶屋會把二樓的地板往外頭的河床上搭，稱為「川床」，讓客人可以在涼風的吹拂下喝上幾杯。與森鷗外的名作同名而廣為人知的高瀨川，是條從二條通沿著木屋町往下流的河床很淺的運河。三條大橋一帶有京阪、京津電車的車站，附近的旅館街是畢業旅行的下榻據點。

## 京極

三條通以前是京都的市中心，現在鬧區已經轉到了四條通跟河原町去了。林立的百貨公司跟大商場令人目不轉睛。以前有人想模仿東京，把這裡取名為河原町銀座，結果很快遭到市民反彈，就此不了了之。那個提案的人大概是外地人吧，剛好踩到了京都人的紅線，說了不該說的話。結果京都人馬上把各個鬧區取名為某某京極。其中一個就是從三條通到四條通的新京極。

### 京城裡的鄉野

傳統紙牌遊戲「伊呂波歌留多」的最後一張牌是「京」。紙牌背後寫的那句「京城裡有鄉野」可不是在講以前的事，那幅畫裡的女性今天還是一樣的打扮，頭上扛著商品在京都的鬧區裡叫賣。從洛西梅梅畑來的，不管老的或年輕的一律稱為「畑婆」。從洛北大原來的，則叫做「大原女」。服裝特色不同，很容易分辨。那副打扮並不單單只是鄉下人的風格，其實背後都可以追溯到平家物語。大原女的打扮據說參考自隱居在大原服侍建禮門院的美貌才女阿波內侍，在她那個例子上，毋寧說是「鄉野裡有京城」了。最近大原女的打扮很受歡迎，每天路上都有很多從洛中巷子裡出門走販的速成大原女。京都從某種角度來說，具有遠離都會的一面。那份閒雅、那份靜寂。也不用特別躲進什麼僻巷裡的寺院或神社，就以市中心的大馬路來說，人潮也不多。真令人懷疑這真是個有百萬居民的大城市嘛？

## 池坊

京都兒歌裡唱的「姊桑、六角、蛸錦」說的是姊小路、三條、六角、蛸藥師、錦小路等六條馬路，全都是東西向，位於中京區的中心。六角烏丸的路口有間六角堂，寺堂真的蓋成了六角形。寺地裡有顆肚臍石，告訴大家那個地點正是古時候京都的正中心。六角堂同時也是華道家元「池坊」的所在地，後來還成立了大學。錦小通號稱京都人的廚房，只要是日本菜的食材不管什麼都有。南北向依序有寺町、御幸町、麩屋町、柳馬場跟東洞院等六條馬路。這幾條馬路的發音如果沒有標示讀音，恐怕連日本人也讀不出來。

### 才藝

京都這地方是個才藝中心地，各門流派的家元都住在這兒。茶道、華道、能劇、狂言、謠曲、仕舞（能劇的一種）、舞踊、書道。至於繪畫的世界裡好像沒有家元，不過也有開班授課的大師。每種才藝底下都分成了很多流派，弟子廣達全日本國土。這些弟子在習藝的過程中不時要給家元獻上點各種名目的學費，曾能攀著瑣細的各種資格長梯往上爬。家元的勢力不可小覷，即使是在生活嚴峻的戰爭期間，茶道的上乘者還是拿得到高級菓子的配額。整體說來京都人很喜歡學才藝，女孩子家出嫁前總會學點茶道跟舞踊，男孩子則學學謠曲。這在町家裡是很普通的情況。近年來還會給孩子學芭蕾、洋裁、小提琴等等。京都的孩子愈來愈忙了。

### 寺

不好意思，我又要來聊聊寺院。京都實在有太多寺院，這麼多和尚個個都得吃飯，如果寺裡有點什麼能吸引人來參觀的東西還好，若是什麼都沒有的小寺，就得絞盡腦汁，從戰後艱困的生活裡活下來。寺町跟裏寺町的寺院，有些會把境內一部分土地分租給小酒肆，這很稀鬆平常，我還聽說有些寺院會自己經營小店呢。有時候租給人家賣美軍的二手貨、有時候租給別人當成暗地協商的場所。最近則常提供給仕女們當成社交俱樂部，辦點茶會、切磋花藝、琴藝什麼的。如果您想知道千年古都的千金小姐都做些什麼打扮，可以去這些場所看看，大概就會見識到京都人是怎麼樣在服飾上散財的。通常和服的服裝秀也會在寺院舉辦，古雅的紙門襯著新圖樣的和服，那華美而賞心悅目的景象，不妨想像一下吧。

## 建仁寺

華靡的祇園往南不遠處，有間禪宗的建仁寺，普通話發音是 Ken-nin-ji，但到了京都人的口裡就變成了「Ken-nen-ji-san ／建仁寺桑」。建仁寺是京都最早的禪寺，想當然耳寺樣也是那種仿宋寺風格的建築。室町時代時，這裡是五山文學（譯註：鎌倉末期到室町時代，以禪寺為主的漢文學）的中心。敕使門跟方丈建築皆為國寶。屋內留有許多傑出的桃山時代障壁畫（譯註：所有畫在室內建築物件上的畫，包含畫在牆壁、屏風、紙門上的都是），尤以俵屋宗達所畫的風神雷神圖二曲一雙的屏風特別出眾。此外，方丈建築跟塔頭禪居庵的紙門畫都出自海北友松之筆。

## 高台寺

從建仁寺過條馬路，越過東山通會來到高台寺。這裡也是一間禪寺。因為高台院以前在這裡，所以叫做高台寺。高台院正是豐臣秀吉的未亡人北政所，因此這裡留了很多跟秀吉有關的遺物及文書。採用蒔繪漆藝的生活用品被列為國寶。開山堂、靈屋及兩間茶室也被列為國寶。庭園當然是由小堀遠州設計的。不過這要怎麼說呢，如果有人帶您去看京都的庭園，您說「噢，這是小堀遠州的作品嘛。」十有八九準沒錯。又是典型的樣板式風情。

## 札所

西國三十三札所裡有五個位於洛中，第十五札所是今熊野觀音寺、第十六札所為清水寺、第十七札所是六波羅蜜寺，第十八札所為六角堂，第十九札所是一條革堂。年輕人對這些靈場可能沒什麼興趣，不過現今還是有很多信徒依序去這些地方巡禮參拜。京都人對於六波羅蜜寺還不如對於它附近的六道桑珍皇寺來得熟悉。這是一座非常雅美的塔，目前這座是重建的，礎石倒還是七世紀的那個。如今寺已無存，只留了一個塔。

### 鷺不知

京都有一些不可思議的店家。清水的七味唐辛子、祇園的香煎屋都只賣一樣商品，非常專業化。所謂的香煎，就是鹹味的紫蘇粉，灑在茶泡飯裡吃的。現在成了懂行道的人愛買的名產，可是在以前京都的飲食環境還很差的時候，是京都人平常粗鄙的飲食常備佐料。京都的小菜之簡樸也很有名，還有道菜叫做「鷺不知」。連鷺不吃的某種蝦虎類小魚，京都人吃。另外還有一道「軒忍」，名字聽起來很雅，不過其實就是曬乾了的蘿蔔葉，這京都人也吃。當家之主或許吃得好一點，但伙計跟女傭每天都吃這當配粥的小菜。有句京都勞工自我取笑的歌詞道：「早吃粥、午食粥、晚上不餟粥就睡不著麼？」不過京都人倒也不是那麼小氣，只是要看場合跟情況，情況對了，京都人可也是享樂家。這點先澄清一下。

## 清水

清水寺位於清水坂的上方。本堂前用木頭架起了一個高達好幾丈、深邃的格狀木結構，撐起了懸挑於山谷上的地板，謂之「舞台」。京都有句俚語說「就當從清水的舞台跳下去算了。」意思是不得不花上一大筆錢時，乾脆眼睛一閉，心一狠就花了。最近連去清水寺的本堂參拜都得付錢了。清水坂跟五條坂是清水燒的產地，同時生產藝術品與量產品。不過這兩種產品都課同樣的稅，聽說商家很吃不消。

## 五條大橋

從清水舞台眺望出去的景致非常秀麗。一九三四年（昭和九年）室戶颱風把山坡上的樹木全部吹倒之前，那景色比現在還美。走下五條坂，到了東山通的這個地方剛好有個西大谷，別名大谷本廟。從這個路段開始，五條通往西被闢開成了疏開道路。橫跨鴨川上的橋是牛若弁慶的五條大喬。一九三五年曾毀於洪水，後來重建，仍維持原有造型。橋柱頭上模仿如意寶珠造型的裝飾物「擬寶珠」有些被沖走了，也有些是以前留下來的。

**家**

從高處俯覽京都市街，總看得出這個城市的新舊融合得有多不可思議。僧團伽藍與堂皇的大建築物間，密密麻麻地擠滿了一家家井然有序的町家瓦舍的矮屋頂。人稱京都町家是所謂的「鰻魚寢床」，入口窄，屋深卻奇長。商家一般都用含氧化鐵的塗料將入口漆成所謂的紅殼格，踏入店門，便見一條喚作「窄庭／にわ」的粗土地面直通往後頭。一路走到裡頭，有個被圍在了建築物裡、匠心可喜的小庭園。您走到這裡，以為這房子應該就這樣了吧，沒想到後頭還有個令人眼睛一亮的現代獨棟洋房。最後才是倉庫。每家町屋的架構差不多都一樣，昏暗。於是設幾盞螢光燈來改善，這一類改良手法要說出現得太快也有點太快了，不過基本上，町屋的架構絕不會更動，改的只有小設備而已。

## 博物館

古美術這種東西，只要花點時間靜心觀賞就能感受到那股震攝人心之美。京都的可貴之一就在於能在短時間內，輕鬆綜覽為數眾多的古美術品。日本恐怕有四分之一的國寶都留在了這個城市吧。京都博物館來自於當年京都市接收的帝室博物館，可惜這個文化國家裡的文化城市沒什麼預算，最後只好又把它交回給國家。博物館裡的美術品並不屬於博物館，而是暫時幫神社佛閣保管並展覽而已。這門藝術不夠普羅，來參觀的人總是很少，不過聽說喜好此道的人倒是挺多的，一天到晚都有人跑來委託鑑定。最近前庭裡擺了兩個羅丹的雕塑，吸引了不少人潮。只是京都的博物館居然要巴著羅丹的雕塑才能出鋒頭，日本文化實在也大不如前了。

## 豐國神社

沿著東山往七條下去，博物館北邊有間豐國神社。社殿雖然是明治時代重新興建的，但國寶唐門則是從伏見城來的。門前鐘樓上掛的鐘是方廣寺的鐘，也就是肇啟豐臣秀吉滅亡的那個「國家安康」的鐘（譯註：德川家康以鐘銘上的這四個字推論秀吉有造反之心，起兵攻打，衍成了大坂冬之陣）。大佛幾經火劫難劫，現存的是後代的仿製品。耳塚是出兵朝鮮時，割下俘虜的耳朵用鹽醃起，帶回來埋的。殘虐行為自古就有。

## 三十三間堂

一路介紹景點古蹟，介紹到了三十三間堂，我也終於在這裡領悟到了什麼是「國際文化觀光都市」的真正含意。所謂的「國際」就是擺了些英文說明告示，所謂「文化」則是讓風神、雷神、二十八部眾等雄偉的國寶雕刻群沐浴在塵埃與眾人的眼光下。「觀光」呢，則是一千零一尊「觀」音全都發著「光」。那是十三世紀，王朝國家進入末期之後的設計，箇中奧趣，難以理解。外頭走廊恐怕還比較吸引人。通矢跟武藏。雖名為三十三間堂，其實正確面寬應為六十六間（譯註：「間」為日本獨特的長度單位，約為一點八公尺，但三十三間堂的一間約為三點六公尺，因此在此並非長度單位，而是柱間距，即共有三十四根柱子）。通矢這項武藝競賽，比的是能從這頭的柱子射出幾根箭穿越到另一頭，是項長時間的耐力賽。宮本武藏曾在這裡打敗過吉岡傳七郎，不過這只發生在吉川英治的小說裡，至於史實如何沒人知道。普羅大眾倒是比較容易被這一類軼事感動。三十三間堂本名蓮華王院，也是間寺院。進去參拜的話當然要付參拜費。

## 妙法院

東山七條一帶有很多景點，讓人有點不知道該從哪裡逛起。從博物館沿著東山通往東走，會碰到妙法院。原本落居於比叡山，後來才搬遷到這，據說室町時期是間地位滿崇高的寺院。大書院是東福門院（「院」為地位崇高的女官官職）的舊殿，俗稱「梅之間」。庫裡為豊太閤（豊臣秀吉）所建。幕末時，主張攘夷的七名官卿為了躲避政難從這裡一路逃到長州，即「七卿落難事件」。庭園當然又是小堀遠州做的。從這裡走過七條通，就是三十三間堂，原名為蓮華王寺，現在被歸納到了妙法院底下。這是間窄長的寺堂，裡頭擺放的一千零一尊金像目前依序進行修復。要全部修完恐怕還得好幾十年。建築物與裡頭的本尊均被列為國寶。

## 養源院．智積院

三十三間堂東邊有間養源院。如果對日本史不熟悉，來京都真的很容易搞混。十三世紀鎌倉時代的建築物旁邊，突然一下子跳到了十六世紀的桃山建築。這裡的攬客之物是俵屋宗達繪製的國寶杉戶，還有在伏見城切腹自殺的鳥居元忠一干人等所流的血滲入的血天井。智積院也是桃山時代的建築物。養源院為秀吉的側室淀君興建的，智積院則是秀吉所建。紙門畫被列為國寶。

### 節令行事

我一邊給諸位介紹名勝古蹟，一邊攀著各個景點談點關於京都的人情風貌及這個城市。我還有好多話想聊，但聽者已倦。寺院、寺院、又是寺院，怎麼聊都圍繞著寺院打轉，連我也扯不下去了。索性來談點別的吧。就談節令行事。京都人的生活是由一大堆節令活動給堆砌起來的，以八月來說好了。八月是盂蘭盆節，京都人要到寺裡去迎精靈。住北邊的就去閻魔堂，住南邊的就去六道桑（六道珍皇寺）那兒。十六日有大文字。地藏盆時，有遶六地藏（相傳到六條古時候的舊街道入口處參拜地藏菩薩，可保家內平安，無病消災）跟六齋念佛踊。所有一切都有決定好的時間、地點跟行事。京都人可能對於觀光客常去的景點不熟，但問起這些行事，沒有一個京都人不知道。這些都承載了幾百年的傳統，有難以想見的文化縱深。年輕一代雖然不喜歡這些玩意兒，遠離它們，但長了點年紀後又會開始接觸，成為傳統的承繼者。

## 京都在地人

我有一句話想給考慮搬來京都的人參考，京都人非常難相處。有人這麼批評：「京都人跟章魚一樣！看起來皎白清透好像很君子，但你一不留意，馬上被他們噴得一身墨。」還有人這麼說：「京都人是冰箱啦。跟他們面對面的時候覺得清爽宜人，一轉過頭去，哎呀背脊發涼。」這兩個都是很傳神的比喻。也就是說，京都人總會在某些方面上，忽然就顯露了一種高人一等的冷傲態度。京都人在人際往來上有一套非常繁瑣的規矩，土生土長的人彼此都有默契，知道該怎麼應對，可是外地搬來的人一開始可能還能照章行事，但跟京都人稍微熟了一點後鬆懈了，京都人這時候就會把你當成粗俗的土包子。不過當著面當然不會這麼說，京都人在嘴巴上永遠都很客氣。

## 泉涌寺

總算逛完了東山七條一帶的景點，接下來我們要繼續沿著東山通往南走。走過陸橋，越過東海道線，從市電（譯註：目前已廢撤）泉涌寺道往東走，山腳邊有間泉涌寺。境內的塔頭觀音寺所奉祀的本尊十一面觀音是西國第十五個札所，名號比泉湧寺還響亮，所以大家都叫那裡「今熊野的觀音桑」。泉涌寺境內的風景非常幽邃，一開始還被取名為仙遊寺。目前這個寺名來自泉涌水，流經佛堂西南邊的山崖底下。這裡從四條天皇以來就是歷代天皇的陵寢，境內有包括月輪陵、後月輪陵等共十五代天皇、皇妃、親王寢墓。

## 東福寺

市電東山線的南邊繞了一大圈後連結到了南大路九條通，轉折點的地方有間東福寺。是京都五山（五間禪剎）之一，從南都的東大寺跟興福寺各取一個字，命名為東福寺。這裡是關白九條道家特地延請去過宋朝取經的聖一國師開山所建，三門、禪堂、浴室、月華門、東司都被列為重要文化財。從禪堂穿過經藏前面，前往閉山堂的路上有條名為「洗玉澗」的溪流，跨在上面的那座橋是通天橋。

### 行樂

春秋兩季是觀光旺季，一大堆觀光巴士在市區裡忙著載客，讓人感嘆來京都的人還真是多哪。淡季時，巴士也少了，京都人一伙便跑到了郊外去玩樂。往郊外的電車很發達，去哪裡都很方便。夏天時可以去琵琶湖、雄松一帶游泳。如果不想跑太遠，晚上也可以去比叡山納涼。冬天當然就是滑雪。滑雪在京都是很普遍的娛樂，京都人常常起勁地搭著巴士跟纜車跑到了郊外山上去滑雪，不過技術倒是普遍不怎麼樣。洛中有不少玩樂的地方，但觀光客愛去的新京極，京都人很少踏入。京都人春天去圓山跟動物園賞櫻，秋天則到清水或新高雄。咦，本來沒打算聊到拍照的，居然還是扯上了。對了，東福寺的通天橋可是著名的紅葉景點。

衝衝忙忙地，總算逛完了京都的景點。好吧，再會啦。往東走的朋友，請留心東山隧道那嚴重的煤煙，可別被嗆著啦。

# 評——林屋辰三郎之《京都》

**書介與解說**

林屋辰三郎著《京都》，一九六二年五月，岩波書店出版。岩波新書系列，新書版型，二五七頁。

林屋辰三郎先生是我從國中到大學的前輩。同為京都市民、同為研究者，他是我極為尊崇的學者。此文乃受邀為林屋前輩的《京都》一書撰寫的書評。

（註）　收錄於梅棹忠夫著〈連京都市民也不知道的京都案內最終版〉《圖書》第一五五期，三六～三七頁。一九六二年七月，岩波書店。

我記得從好幾年前就聽說林屋先生在準備《京都》這本書，現在拿到了成書，總算了解這本書為什麼會花上那麼多時間了。這本書安排得極為詳細親切，先略過文章不提，光照片就很令人感動。例如在提到北野的部份，我們看得到北野天滿宮的匾額、石牛、梅枝跟燈籠上的梅鉢紋樣，在趣味的呈現上頗下功夫。照片豐富又安排得宜，讓這本書讀起來更為有趣。每一章開頭都貼心地附上了相對於京都車站的位置簡圖，至於文獻簡介及索引也詳實得令人感動。

要談論京都，就不能撇開歷史不提，就這點來說，在撰寫這類書籍的人選上沒有比林屋先生這種出類拔萃的歷史學家更適合的人選了。

可是這本書又不只是單純的京都史而已。它是將千年古都的歷史回溯到這城裡的每一塊土地，用地理來表現歷史的特殊手法。就這層意義而言，我們的確可以把這本書當成一種「旅遊書籍」來看待。它以時間來區分空間，以空間來呈現時間，切入點獨到而精闢。但這種手法沒辦法應用在其他城市上，理由就像作者所講的，這是屬於「京都的獨特性」。

如果我們可以把這本書可以當成一本旅遊書籍，那麼它肯定是眾多京都旅遊書中最不可捨的一本。也是介紹全球各地旅遊書裡最精采的一本。旅遊書籍一般不是寫得太枯澀無味、羅列事實，就是太偏重娛樂，淪為低俗，可是這本書卻把正確的知識及高超的見解寫得有格有調、引人入勝。

就算是從小到大走遍了各個京都角落，以為自己跟京都熟得不得了的京都市民，看完了本書後，也會發現原來京都還有這麼多物事與地方是自己不知道的。我也打算再好好在京都踏訪一回，這一次，我要帶著我孩子一起走。

不過這本書並不適合拿到景點去，邊玩邊看，最好是出發之前看，或是玩回來了再讀，因為裡頭寫的是一整套體系化的歷史。

京都從某種層面上來說是一部活的日本史書。闡說京都的歷史，就是闡說日本的歷史。於是這本書便以京都為材料，料理起了日本史。本書是讓您在親臨京都這塊土地時，也能同時接觸到日本史的一本好書。原來帶著學生來京都畢業旅行的意義就在於此處，這本書出現了後，對於帶領學生來京都的國、高中老師絕對是一大福音。之前怎麼會沒有這樣的好書出現呢？

關於京都，圍繞著各種常見於觀光都市的誤解與錯誤觀念，作者對於那一套根本理也不理，完全不在乎那些流俗的起源傳說，只是以一個歷史學者的冷靜眼光，去把物事的緣起與變遷給嵌進日本的整體歷史裡。譬如說，他就從歷史文脈中去分析天滿宮跟稻荷神社究竟是什麼存在，讓人讀了後豁然開朗。

像我，我原本雖然對白河院的法勝寺遺址很清楚，可是看了這本書從遺跡去探討院政政權跟藤原貴族兩者在性格上有什麼不同的說明後（譯註：藤原貴族長期透過外戚關係遂行攝關政治，使天皇大權旁落，到了白河天皇時，他退位至白河院採行院政政治，成功瓦解了藤原一族的勢力），忽然間又覺得「啊，日本史的這一頁我終於讀懂了。」另外像紙屋川的土砦，我從小對那地方就很熟，可是讀了豊臣秀吉如何透過建築土砦來實行京都的封建都市化政策，我對於他跟織田信長的織豊政權在日本史上的意義，又有了更深一層的體會。

對於作者的論述，我最感到佩服的莫過於「為什麼京都有資格被稱為千年古都」的說明。應仁、文明之亂時，這個古代都市完全毀損，目前所有的王朝遺跡都是在桃山、寬永的有志者手上所復興完成的。這點在了解京都這個城市以及理解日本文化時，無疑是非常關鍵的一點。

作者對於京都從古代到中世、從中世到近世的演變做了非常詳靡而精闢的說明但相較之下，在近世到現代的歷史上就似乎寫得太少了。維新動亂那段時期也少有著墨，讓人有點失落。近世對於京都來講是一個非常、非常重要的時期，直接推動了明治時代以後的大發展。而明治之後，京都如何邁向近代化的祕密，從本書也無從得知

例如當我們在提到現代京都的「鄉土產業」時，不得不提及太秦一帶的電影產業。那地方之所以可以發展電影，應該不只是因為有很多寺院，方便外景拍攝這麼單純。可是作者在本書裡，卻連隻字片語也沒提起京都的電影發展。林屋先生是知名的藝能史專家，若能多所著墨，實屬幸甚。

剛才我說這本書是畢業旅行的老師的福音，不過對於學生或一般民眾來講可能有點艱澀。譬如說剛剛提到的電影產業就是一例。此外，書裡也完全沒有提到祇園與先斗町的花街。一般人想起京都時，總是會想起錦市場、雷藏跟垂著腰帶的舞妓。我想大家應

該都很有興趣知道舞妓的起源與舞妓在歷史上的角色。

因此我認為本書在普羅娛樂面向上的著墨有點過少，這是本書的缺點。失禮一點來講，這可能是因為岩波書局向來比較著重文化性吧。但我想更有可能的原因出在頁數問題上。如果想要徹底介紹京都，一定要分成上下兩冊，這麼做就可以更完整地將近代的部份也含括進來。

用詞跟文字部分也有點難。年號及地名方面，應該要多標示如何發音。京都的「上行／上ル／agaru」「下行／下ル／sagaru」筆劃就很少，可是卻很難發音，很多人都發成了「noboru」跟「kudaru」，這種謬誤意外地多。也許作者並不想把讀者當成不識字的愚民，可是將讀者過度理想化，反而會讓日本史跟年輕世代之間的距離更遙遠。考量到這一點，或許我們可以敦請作者再寫本更易懂的《京都——年輕版》，給畢業旅行的學生看，而不是給老師看。

# II
# 京都的性格

# 隨談京都其名

**解說**

京都府警為了提升京都府警察官的教養而辦了一本名為《平安》的雜誌，請我為其中一個專欄〈平安隨想〉寫文章，此為其文（註）。

（註）　梅棹忠夫著〈京都這名字〉，收錄於《平安》七月號，第二四卷第七期，六～八頁。一九五七年七月，京都府警察本部警務部教養課。

這地方到底是從什麼時候開始，在怎樣的情況下開始被叫做京都呢？可能去書裡找點資料就會知道答案吧。但我老是懶，就這麼一直擱在心頭上，到現在還沒頭緒。

我想京都應該不是最早的稱呼法，一開始應該就只有一個「京」而已。直到近幾年來出現的熟語，例如「京都府警」「京都奉送」或者「京都時間」等等的才在「京」後面加上了一個「都」字。至於以前就有的字眼，就沒有加上「都」，像是「京人偶」「京染」等等的。日本的傳統紙牌遊戲「伊呂波紙牌」的最後一張「京裡有鄉野」也只講了個「京」字，而不是「京都」。

「京」這個講法到今天也沒有消逝，「京女」恐怕是很古遠的說法了，「京美人」才是個新字眼。「京喜」跟「京情緒」這兩個字應該是近幾年來才創造出來的字彙。也就是說，我們雖然同樣用這兩個字指涉同一地點，但當我們提到比較近代的、比較生硬的或比較官僚的事時，我們就說「京都怎樣怎樣」。但當我們提到比較古典、比較文化、有人文氣息時，我們就說「京如何如何」，產生了語意上的分別。

其實這種情況也散見於其他城市。當我們把東京稱為「江戶」、大阪稱為「浪華」時就比較接近「京」的氣味，但當我們把它們叫做「東京」跟「大阪」時，性格上就比較近似「京都」了。由於「京」跟「京都」這兩個字實在太像，很容易讓人以為「京」是「京都」的簡稱，但其實是兩個完全不同的字彙。

不曉得「京都」這種說法到底是什麼時候普遍起來的。我青春期時（大正末年），大家都還慣常用「京」來稱呼，沒帶什麼意境上的指涉，特別是在近郊的農村裡。每次我一去，他們就說「京裡的少爺來了」。當地人來京都時，也說「上京去」，我想現在還是有人這麼說。

前陣子我發現了一件很有趣的事。我查了《大英百科全書》上的「京都」詞條，有二十行左右的說明：「往昔稱為都或京都，近幾年來則與東京相呼應，常被稱為西京。」

「西京」這個字眼對我們這個世代的人來講，總覺得很新。戰後成立了府立大學時，把學校命名為西京大學，大家聽了嚇一跳，覺得怎麼會取這麼怪的名字呢。結果這名字實在不受歡迎，最近又改成了京都府立大學。至於西京商業高中則是完全不同來頭囉，那間高中的「西京」指的是學校所在地是在京都的西邊。

不過我父親那一輩，還有我爺爺那一輩，也就是明治時代的人好像真的曾經把京都稱為「西京」。那時候流傳下來的文件裡偶爾還看得到這種寫法。例如同志社的新島襄曾經在一八八五年（明治十八年）時寫的一封信裡提到：「今年於西京舉辦傳道會時……」可是同一個人在同一時期寫的其他信裡卻又提到了「京都」，因此由此可知當時「京都」跟「西京」都是慣用的字眼。我猜《大英百科全書》大概是照著當時在日本的人的印象來寫的吧。這本字典正確度雖高，但有時候不免過時了一點。

總之我們可以推測，「京」變成「西京」大概是在「江戶」變成了「東京」以後發生的事。既然江戶已經被改東京了，大家把「京」改稱為「西京」也很理所當然嘛。大概也就是在這一波潮流中，大家開始習慣把名古屋稱為「中京」，不過這種用法完全謬誤。因為「京」是首都的意思，而名古屋不管從前或現在從來都沒有被當成首都過。

那麼，為什麼東京現在還被稱為東京，但西京這個字眼卻不見了呢？只有「京都」這個說法被普及了開來。

我想這是因為京都市民實在太討厭「西京」這種叫法了。所謂的「西」，當然是相對於東京的「東」，把京都與東京相提並論，這一點就挑起了京都市民的神經。在「誰想被跟東京擺在一起呀！」的強烈反感下，刻意避開了「西京」，改以「京都」自稱。京都人的自尊心就是這麼高。老是覺得自己比他人高一等。

說到這，我以前曾經聽過這麼一段往事。這是發生在一位年長的京都商人身上的事。他以前年輕時常跑東京做生意，東京人說：「哎呀，您從西京上來呀？」這種時候他絕對會否認：「不，我從京都來的。」有些人明明是京都人，但人家問他打哪裡來的時候居然還自己回答「從西京來的。」這種人就會被血液裡流著京都血的人瞧不起了。

話說回來，京都這名字仔細一想也很奇怪。「京」跟「都」都是「首都」的意思，也就是首府。京都明明就不是首府，卻又習以為常地這麼自稱。聽說中國人常把東京跟京都搞錯，理由就在於京都這兩個字怎麼看都是首都。而日本的首都是東京，於是中國人就把京都跟東京當成同一個都市了。這實在也不能怪人家，誰想得到除了真正的首都外，同一個國家裡居然還有另一個都市也自稱為首都呢。

讓我覺得很有趣的一件事是，京都這個寓意為首都的名字很明顯是在近代才成立的。換句話說，京都人在名實上都被剝奪了首都的地位後，才開始自稱為首都。而且還曾一度摒除了「西京」這個廉價的名字，把現今的稱呼給鞏固起來。

從這裡頭不難窺見京都人無以救藥的大京都主義，以及被東京奪走首都地位後的複雜感受。您覺得呢？

# 典儀都市

**解說**

眾所皆知，京都跟天皇的關係深遠。盼望天皇搬回京都更是京都市民長年以來的悲願。我寫在這裡的，正是一篇相關文章。

《SUNDAY 每日》在一九五九年時為了籌劃封面特集〈致宮內廳〉（註）跟我邀稿。我當初遞交出去的是散文格式，刊登在雜誌上時則潤校成了對話形式，同時夾雜一些我平日的主張。由於原稿尚在手邊，直接收錄原文於此。

（註）收錄於《SUNDAY 每日》一月十一日號，第三八年第二號，通卷第二〇七六期，第十一～十九頁〈致宮內廳——「菊花鐵幕」之內〉。一九五九年一月，每日新聞社。

通常我們對於別人該不該搬家是不該多嘴的，但在皇居遷徙問題上，如果站在國家公領域的角度來看待天皇的存在，我們自然可以從全國性的國土計畫觀點來探討。

以國土計畫的觀點來說，京都在全日本中最適合的定位當非「典儀都市」莫屬。京都的自然與街道幽靜而美好，也有很多極具紀念性的歷史建築，一點也不需要擔心缺乏舞台設備。況且京都在國際上已經建立了這樣的形象，所以最近即將興建的國際會議中心*才決定蓋在京都。

日本國內或國際上的各項典禮儀式都可以搬到京都來舉行。到時候上場的人，當然是象徵國家的天皇。我們可以在京都多舉辦一些豪華典禮，只要辦得好，一定會成為眾所矚目的大秀。

京都既然打算發展成國際性觀光都市，天皇絕對是不可忽視的一筆觀光資源。京都市長應該趕快起身去拜託天皇回到京都，免得被其他城市捷足先登。

其實國外也有把行政首都跟王都設在不同地點的先例，例如寮國雖然把首都設在永珍（Vientiane），王都卻設在沿著湄公河往北一大段距離外的琅勃拉邦（Luang Prabang）。各國大使館雖然位於永珍，但每一任大使上任時會先到琅勃拉邦的皇宮去晉見並遞交委任書。寮國交通不便都尚且如此了，更何況東京跟京都之間應該沒有交通問題，各位覺得呢？

我們可以設置衛兵，給他們穿上筆挺亮眼的制服。成立美得與現實脫節的儀隊。偶爾請天皇移駕至建禮門外，到市區各地去散步，我想這一定會吸引很多市民與觀光客爭相迎看，您不覺得這幅景象挺不錯的嗎？

＊ 國立京都國際會館於一九六六年五月，於洛北寶池完工開館。

## 附記

我長年以來主張天皇還幸論，也到處宣揚我的理念。接下來這篇評論（註）出自評論界大老城戶元亮。他在《京都新聞》曾經有個連載〈癩蛤蟆，好大的口氣〉，某次提出了我這項天皇還幸論。在此謹引用全文。

天皇還鄉

城戶元亮

大阪市立大學的梅棹副教授提出了還都論。建議將天皇從東京迎請回來京都。他的論點是天皇原本就住在京都，東京那邊只不過是個行宮。當然如今如果連政治中心也遷回來的話恐怕會很麻煩，如果只是天皇一個人搬回來，在這裡進行接見外使等等公務，把京都發展為一個典儀都市，應該能很快讓低迷的京都重返活力。

京都的弱點就在於沒有一樣特別突出的大產業，所以只能發展成為觀光都市。如果天皇能搬回來，對於提振京都繁榮絕對大有助益。副教授或許只是一時興起說說玩笑，但我認為這點子很有意思。京都還都論並不是什麼新穎的理論，之前就有人提過了。上次東京發生大地震的時候，有些人也這麼建議，認為京都毀壞情形比東京輕微得多，更適合天皇安居。考量到皇室安泰而提出這項建言。不過梅棹教授的著眼點比較特別的是他認為可以以此來提振京都景氣。

這項理念目前看來雖然難以實現，可是如果只是發發夢也未免太可惜了。不能想點辦法來實現它嗎？

我認為我們可以如梅棹副教授所說的，將天皇迎回來京都老家，讓他離開東京稍微久一點。時間上倒沒有一定限制，但我個人認為春秋兩季是最適合來京的時候。有花、有紅葉，應該能激起天皇賞遊的興致吧。到時候肯定會湧進無數為了爭睹天皇尊榮而來京都順道觀光的遊客。

待在京都的時間，可以春、秋兩季各一個月，如果可以待上兩個月更好！天皇可以在京都處理跟國事相關的公務，如果有必要，再請首相以下的官僚來京都就得了，有急事的話也可以搭飛機來。畢竟這只是長期出差，不需要連宮內廳也跟著搬來，而天皇在京都的隨扈也不需要太多人。這麼做對於皇室也不會帶來太大改變。

更關鍵的是，這件事能不能成只存乎天皇一心而已。不需要安排任何特別措施。只要天皇一決定，萬事好談。

如何？蜷川知事跟高山市長是否願意放手一搏，去東京拼命遊說一番呢？

城戶先生在文章裡提及我對於還都論的主張，但我已經記不起來自己到底是在哪裡說這些話了，身邊也沒有記錄。城戶先生本文發表於一九五七年的八月，所以我想我應該是在那之前說的。

（註）　城戶元亮著〈天皇還鄉〉《天皇新聞》一九五七年八月十六日。

# 亞洲裡的京都

**解說**

這篇文章是寫給NHK京都放送局的原文，確切的播放時間我手邊已經沒有記錄，由於是一九六〇年（昭和三十五年）之前的事，也記不清了。

## 1

印度恆河中流有個叫做瓦拉納西的城市，用印度語發音的話是婆羅斯（Varanasi）。這是個很古老的印度教聖地，印度寺院林立，來自各地的朝聖者絡繹不絕。

瓦拉納西雖然是印度教的聖地，但它郊外有個叫做鹿野苑（Sarnath）的地方則佛教聖地，有一些古代的佛教遺跡。釋迦牟尼佛第一次宣說佛法就是在這裡，換句話說，這裡正是初轉法輪的地點。

由於印度是佛教發源地，很多人可能誤以為印度人一定都信仰佛教，其實現代印度人大多都是印度教徒，佛教徒只佔了少部分。而這些少數的佛教徒就以鹿野苑為活動重心。這邊有中國式佛教寺院、有身著黃衣的緬甸僧。佛教團體摩訶菩提會（大菩提協會）的總部就設在這裡，所以也有印度式的佛教寺院，院內牆壁上畫滿了釋迦牟尼佛的生平故事，畫者是日本的佛畫家野生司香雪。

好了，一走進這間大菩提協會寺內，入口走廊的上方就吊了一個雄偉的佛鐘。鐘上刻了一個漢字的款名：「京都高橋才二郎鑄」。所以這個鐘是在京都打造的。

「佛寺鐘一只，沒有一天賣不掉。京城的春唷。」我把室井其角俳句裡的「江戶的春」改成了「京城的春」，因為我覺得這俳句更適合用來比擬京都。自古京都就是一個佛教興盛的都市，也是佛具的主要產地，更把佛鐘賣去了印度。

寫到這兒，我想起了一件事。喜瑪拉雅山南麓，介於西藏與印度之間有個名為不丹的小國家。人民比較接近西藏人而不是印度人。他們擁有自己的語言與文化，同時也是一個佛教國。幾年前，不丹王妃悄悄來了日本，也到京都來走走看看。那時候，她買了一個最上等、最高雅的佛壇。聽說她讚賞京都的佛壇做得比其他地方的都好很多。

日本的佛教徒在信仰方面愈來愈不虔誠，聽說佛具跟佛壇的生意江河日下，有愈來愈多的家庭不擺佛壇了。即使買了，有些人也寧可將就著使用塑膠佛壇。相較之下，亞洲其他國家還有很多虔誠的佛教徒。泰國、緬甸跟錫蘭（現今斯里蘭卡）等國所信仰的雖然是小乘佛教，亦即所謂的南傳佛教（Theravada），跟日本的大乘佛教不同，可是基本上大家都是佛教徒，相似的地方很多。

搞不好，全亞洲的佛教徒對於京都高品質的佛具跟佛壇抱持著很大的需求唷。或許佛具產業可以靠著外銷發展成為一大產業。京都這個日本人心底永遠的故鄉、被喻為日本中的日本，搞不好其實跟海外也千里一線牽呢。

## 2

越南現在分裂成了兩邊（註）。以北緯十七度線為界，分成了北越與南越。戰前阮朝時代被法國殖民，將國土分成了三區，分別是北部的東京保護國、中部的安南帝國——這兩個都是法屬保護國——以及南部的交趾支那殖民地。中部的安南帝國有國王，首都位於順化，法式發音趨近於「順／Hué」。

十七世紀時，越南整塊土地都稱為安南，但還是像現在一樣分裂成了兩邊，彼此爭鬥。那時候，北邊的國王給日本京都的某個商人寫了封信，一直留到了今天。信的內容是說請這位商人一定要把貿易船開到北邊來，不要開到南邊去，也絕對要把貨物賣給北邊。

為什麼一位安南的國王要寫信給區區一位京都商人呢？這位京都貿易商的名字為茶屋四郎次郎，是當時京都的一大資本家，他拿到了豐臣秀吉特准海外貿易的「御朱印船」特權，時常跑去安南行商。四郎次郎是個世襲的名字，所以我們無法確切知道當初信是寫給哪一位，不過總之茶屋這戶人家是世代獨占安南貿易的大貿易商。

茶屋家經營的是吳服生意，但到安南做生意時會在貿易船上載滿許多兵器，當成外銷商品。有日本刀、頭盔、鎧甲、長槍等等。換句話說，他做的有點類似我們現代所謂的黑色貿易。剛好那時候安南的南北兩邊正在拚個你死我活，北邊的國王怎樣也想買到這批優良的日本武器，不想被南邊搶奪先機，於是就寫了方才那封信。

當時日本人在安南做生意的據點是大南跟費福，這兩個城市現在改名為峴港市跟會安市，兩個都是離順化南邊不遠的港町。京都的貿易船就是開到那裡的港口去停泊。這兩個地方以前都有日人區，我兩個都去過了，現在還留著當時日本人的墳墓。

所以京都曾經出現過貿易商。雖然京都不臨海，可是從事海外貿易的大資本家統統聚集在了京都。除了茶屋家之外，還有後藤家跟角倉家，三家並稱為京都三長者。就在這三大貿易商的戮力下，不臨海的京都卻跟東南亞各國牽起了緊密的連結。

寬永鎖國之後，海外貿易當然也於焉終結，可是那之前累積起來的鉅額財富卻在京都孕育出了寬永文化。進一步衍生成為今日京都的文化基礎。所以我們可以說，京都跟越南之間存在著非常深厚的淵源。傳說祇園祭的鉾車上那根威風的長鉾，就是拿鎖國後荒廢不用的朱印船上的帆柱做成的。原來如此，您不覺得這段話讓人聽完後恍然大悟嗎？

（註）一九七六年時南北越統一成為越南社會主義共和國，首都為河內。

## 3

印度北邊的喜瑪拉雅高山上，經年雪光皚皚。喜瑪拉雅山的北邊是荒涼的西藏高原以及中亞地區。

大家都知道西藏發生了動亂，許多藏人越過了喜瑪拉雅山逃到了印度跟尼泊爾避難。西藏的宗教領袖達賴喇嘛也穿過喜瑪拉雅山，逃去了印度。

從西藏經過錫金，往下到印度西孟加拉省的路上會經過一個叫做卡林邦（Kalimpong）的小城市。是個多民族城市，很多逃難的西藏人都住在那裡。有一次我在卡林邦市街上走著走著時突然被一個男人叫住了，是個西藏人。身穿藏服、戴了頂紳士帽。曬得很黑，臉龐精悍有神。

令我吃驚的是他居然會說日文。他問我：「你是日本人吧？從哪兒來的？」我說京都。「哦哦，京都！我之前也在京都！」雖然他的日文已經退步得有點詞不達意，但還是很懷念地問了我很多京都的情況。「京都現在怎麼樣了？」

我一問之下，原來他不是西藏人，是從蒙古來的。蒙古人跟西藏人都是佛教徒，跟日本人一樣。戰前他曾經以蒙古留學生的身分到京都的本願寺修行，回到蒙古後由於發生了一些事情，一路穿越了中亞、西藏，逃到了卡林邦。京都真令人懷念哪，京都變得怎麼樣了呢？我說京都逃過了戰火，現在發展得比以前還美唷。他聽了由衷開心。

再來聊個我在中亞碰到的人吧。在沙漠之國阿富汗碰到的。有一次我停留在阿富汗的首都喀布爾（Kabul）的時候，一位風度翩翩的紳士來找我。是個礦山技師，似乎在政府裡當官，日文說得很好。戰前他曾經跑到京都大學去留學，研究礦山學，由於在京都待了七年，日文當然也講得很流利。這位紳士也對京都懷念不已，一直不停打聽。「對了，京大附近的百萬遍現在變得怎麼樣了……」

京都是個學問之都、藝術之都與宗教之都。它不是在戰後忽然變成了國際文化都市，而是在更久更久之前就已經吸引了亞洲各地的留學生前來了解它的文化。我們絕不能忘了，在亞洲各地都有我們京都的友人。

## 4

巴基斯坦的首都位於喀拉蚩（譯註：Karachi，現今首都已改為伊斯蘭瑪巴德），所有飛到歐洲的飛機都要先經過這裡。不過這是個近年來才發展起來的港都，以前巴基斯坦的重心位於更北的旁遮普地區（Punjab）的拉合爾（Lahore）。

我在拉合爾時，剛好被一個知識份子給逮住，對方很想跟我聊聊日本。他好像是個文藝青年吧，想找我談關於近代日本文學的潮流之類，問題是，他根本就不知道任何更具體一點的日本文學概況，所以我實在不知道該怎麼跟他談。

他所知道的日本專有名詞只有兩個，一個是賀川豊彥（註）。他想知道賀川豊彥現在怎麼樣了。另一個專有名詞則是地名，而且還是京都的地名。怎麼樣，各位猜出來了嗎？是一個聞名全球的京都地名——羅生門。

當然他所知道的羅生門是電影《羅生門》的片名。我跟他解釋，羅生門這三個字與其說是地名，還不如說是京都這個古帝國首都以前的城門名字。這點他可以了解，可是他腦海裡對於京都這個電影舞台的城市印象卻停留在了電影裡面。他並沒有認知到時代已經改變了，所以我不可能讓他接受京都其實比拉合爾更現代的事實。

另一次經驗發生在巴基斯坦另一個大城市喀拉蚩。雖然喀拉蚩位於海岸旁，可是它的另一側是無垠的沙漠，所以非常炎熱。我在這個炎熱的喀拉蚩也看了一部京都製作的片。題材自然也是京都，片名是《地獄門》。

這部電影的色澤拍得很美，可是在那個環境裡面看卻變得很怪異。巴基斯坦是個伊斯蘭教國家，女性外出時會在頭上披塊黑布，把自己的臉遮起來。問題是，大家記得嗎，女主角京町子在這部片裡扮演的袈裟御前也同樣把單衣披在頭上哪。另外不曉得是不是影片色調的關係，片中的男性膚色看起來都很深，好像巴基斯坦的男人。結果大家忍不住大笑，笑說京都人跟喀拉蚩人根本沒什麼差別嘛。

日本的古裝片在亞洲其他國家似乎滿受歡迎，尤其日本的武打片在東南亞很流行。這些武裝片通常跑來京都拍攝，以京都為舞台，連帶地，也讓京都的風情呈現在亞洲其他國家的人面前。這很棒，不過同時間也可能讓其他亞洲人對京都抱持著與現實非常不符的印象。

世事無完美哪。

（註）　賀川豊彥（一八八八～一九六〇），基督教社會運動家，在海外十分知名。

## 5

接著來談談我在泰國發現的「京都」吧，不過這件事完全是個誤會……。

戰前已經有很多日本人跑去東南亞各國「進出」（譯註：梅棹先生是個左派，他在這裡故意把這兩個字給括弧起來以嘲諷日本政府為了美化自己當年的侵略行為，在教科書裡以「進出」一詞取代「侵略」），也有很多日本人混在華僑裡，一起在經濟圈裡做生意，連銀行也跑去開了分行。寮國的首都永珍就有東京銀行的分行，有幾個每天忙著處理業務的日本行員。

有一次我在泰國某個地方都市看見「京都銀行」的招牌，招牌上的名字當然是泰文，但旁邊用漢字端端整整地寫上了「京都銀行」四個字。我心裡一驚，沒想到京都銀行居然跑來這種地方設分行，不過我馬上會意過來自己搞錯了，此「京都」非彼「京都」哪。

「京」這個漢字意謂天子所在的城市，也就是一國的首都。而「都」這個字指的是大都會，或是一國的首都。因此「京」跟「都」都是「首都」的意思。連用在一起，「京都」就成了「都城、都城」也就是「首都」。

回到我在泰國看到的這家「京都銀行」。泰國的「京都」當然就是曼谷。所以那家「京都銀行」指的其實是曼谷銀行。我在地方城市裡看到的，是曼谷銀行的分行招牌。

銀行方面為了方便不懂泰文的華僑，才故意在招牌上加上了漢字的「京都銀行」。

「京」既然是指一國的首都，國名上如果加上「京」，當然指的就是那個國家的首都。所以泰國的首都曼谷是泰京，寮國的首都文珍是寮京。而日本的京都又偏偏這麼巧，居然在名字裡有個意謂著首都的漢字，於是外國人便以為京都就是日本的首都，但問題是日本現在的首都在東京呀，所以有些外國人誤以為京都就是東京。這個笑話還真難笑，聽在京都人耳裡挺刺耳的。可是只要我們還使用漢字的一天，這種誤會恐怕就無法根絕。只能說世事真的無法盡如人意呀。

# 京都十一隨筆

## 解說

修道社這間出版社出版了一份名為《世界之旅》的雜誌，某次準備做一本京都特集時請我寫了一篇〈京都論〉來當做刊頭專題。對方希望我能就京都這個城市、市民的性格以及京都文化的特性來做評論，於是我寫了這篇文章（註）。通常像這樣的文章我會寫成十二個段落，但那一次寫完後才發現只有十一個，於是便以十一隨筆刊登。

（註）梅棹忠夫著〈京都十一隨筆〉《世界之旅》九月號，第二十六期，第十一～十九頁。一九六一年九月。修道社出版。

### 香港青年之愕

前幾天報紙上登了一位初訪京都的香港青年的意見。大意是這位青年覺得日本對香港好像是個鄰居一樣的國家，也時常聽到京都的消息，所以他對於京都並不陌生——至少，在他來之前覺得京都是個熟悉的存在——可是當他真正踏上京都的土地後卻大吃一驚。原本想像中，京都是個滿城老屋、小巧而古樸的城市，沒想到卻是這麼現代化的大都會，真是做夢也想不到。

可是對於住在京都的人來講，我們更驚訝外地人居然會覺得京都到處都是老房子，而且還是個小城市。為什麼會有這麼離譜的誤解呢？但回頭想想，這樣的誤解倒也其來有自。畢竟在觀光行銷上向來把京都的重點擺在「古風」，避過現代不提。

別說香港青年了，就連日本青年也有不少人對於京都有這種錯誤印象。一般人大概都還有點歷史概念，知道京都在明治維新遷都東京之前，一直是日本的首都，可是同時間，大家也漠然地覺得京都是個時光暫停的地方。結果來了一看，城市上空居然飄著俱樂部的宣傳大氣球，街上立了一整排停車計時器，簡直是失望中又有一抹憤悶。

站在京都市民的立場來說，要生氣是你家的事，但憤慨到我頭上那可就莫名其妙了。怎麼會覺得一個首都層級的大都市會到處都是時光暫停的古蹟呢？一百二十萬名市民光靠歷史就能填飽肚子嗎？有俱樂部的宣傳氣球跟停車計時表是理所當然的事。

我這篇文章被要求要寫點「京都概論」之類的東西，但如果期待我聊古蹟，那可就要更「失望」又「氣憤」了。如果想看古蹟，市中心裡到處一堆，請隨意自便。我這個人對於死去的歷史還不及對活著的歷史有興趣。所以，活著的京都是個怎樣的地方？

## 把首都還給我們

二次大戰剛結束後，京都市井裡起了一點謠言說麥克阿瑟將會進駐京都。盟軍司令部會設在京都，讓京都變成新的日本政治中心，重回首都地位。

東京已經被盟軍轟炸得很慘，跟廢墟差不多了，所以盟軍把目光轉向幾乎沒有受到戰火波及的京都。原來如此，很有道理。也有人說盟軍從一開始就故意避開京都不轟炸。還謠傳說新的日本統治者麥克阿瑟將軍將會住進天皇這位舊統治者的住居，也就是京都御所。這個謠言也講得跟真的一樣。

可是麥克阿瑟不是天皇，他對於御所這種古老建築大概沒什麼興趣。他也沒搬進去。事實上，長期遠離政治與經濟中樞的京都早已不適合當成一個號令天下的據點。即使是在敗戰後那樣失序的年代裡，日本的現代機關早已發展出了龐大而複雜的體系。

關於麥克阿瑟要在京都成立司令部的謠言，恐怕一點根據都沒有。那麼為什麼會出現那樣的謠言呢？我想原因之一出在京都人對此所抱持的樂觀希望。這份樂觀的背後存在著非常錯綜複雜的思緒，絕不是京都人歡迎麥克阿瑟來。毋寧說京都人光想像麥克阿瑟要搬進御所，就要開始胃痛了。京都人倒不是同情失勢的天皇，而是沒辦法接受那麼優雅的建築物居然要配上一個穿軍服的高個子，這幅景象有違京都人的美感。會讓京都人覺得比較有吸引力的反而是日本政治中心可能重回京都這件事。把首都還給我們！只要可以拿回首都的地位，就算稍微忍受一下醜惡的景象也就算了。我想，這才是京都市民真正的想法吧。

## 王城之地——虛構的首都

「首都被人搶了！」遷都都已經過了一世紀，京都人現在還沒把這意念從心底拔根抹去。未免太不合理了，怎麼不再是日本的首都了呢？怎麼會發生這種怪事呢？京都人原本就有種大京都思想，認為什麼都是京都最好最棒，京都是全日本最好的土地，首都自然要設在這裡。這道理還用說嗎？清楚不過，自古這兒就是王城之地。

可是無論京都人再怎麼主張自己這兒是「王城之地」，事實上天皇人在東京，根本就不住在京都御所。但就京都人的理論而言，天皇只是在明治維新的時候暫時去東京行幸，就此停留在那裡而已。東京只是行館，京都御所才是真正的皇宮。因此京都也不是舊都，京都直到現在都還是帝都。

這種觀點大概是明治初期時為了說服反對天皇遷都東京的市民而做出來的說法，可是現在所有中年以上的京都市民還是對此深信不疑。事實上，天皇除了即位時的典禮會回來京都舉辦，其他根本沒有任何大儀式在京都舉行。說什麼京都市帝都，根本就是幻想。京都是個活在帝都幻想裡的虛幻的首都。

說到虛幻的首都，「京都」這個名字也很妙。「京」跟「都」都是京城的含意，也就是首府。大家都不以為意地沿用。聽說中國人常把京都跟東京搞混，這也難怪了，誰會想到一個國家裡除了真正的首都之外，還有另一個都市的名字也是「首都」呢？

我聽說明治初期時，京都曾經被取了一個叫做「西京」的名字，以相對於東京。但這名字不受京都人歡迎，有意識地加以排斥。想來京都人應該是受不了被別人跟東京那種鄉下地方相提並論。總之，在誰也不使用這個名稱的情況下，它就被大家給遺忘了。現在京都還有一間殘留那名號的府立西京大學*，但大家看到那名字時還得想一會兒「咦，奇怪，西京是哪裡呀？」

總之京都至少在名字上確保了「首都」的地位，因而這京城的幻想，也算是成立了。

* 西京大學這名字還是敵不過大家的厭惡，已改名為京都府立大學。

## 首都型──均衡之都

說來京都早在明治維新之前就已經被架空，成了一個名存實亡的首都。日本的真正掌權者是德川將軍，所以真正的首都其實是江戶。江戶的人口也遠遠多於京都。

京都市現在的人口差不多是一百二十萬人*。維新前後剛好在三十萬左右，所以成長了四倍。雖然比不上東京那樣蓬勃發展，但的確是有長足進展，只是說到為什麼人口會暴增呢？實在令人百思不得其解。

說到底，京都人到底是靠什麼吃飯的？這實在是個謎。其他城市不管是工業發達也好、是物資集散地、或者是觀光重鎮，總之都有個清楚的性格，但京都呢？大家長說京都是觀光城市，可是這說法不正確，因為市民裡靠觀光維生的只有少數一些人而已。說京都是個學問之城，可是學問吃得了飯嗎？說到產業，也幾乎沒什麼可以跟其他城市相提並論的東西，西陣織、清水燒、京扇、京人偶，美則美矣，但沒一樣能填飽肚子的。稍微有點特色的大概是大家都熟悉的電影產業吧，不過這又是一樣建築在虛幻之上的生意。

總之京都人就這麼東湊合西湊合著把一個城市給湊合了起來。這說的可不是一個小小城市唷，而是日本第三大城**。說來似乎全球所有的首都型都市都是如此，沒有一個特定的都會性格，而是在各種要素間維持良好平衡並且逐步發展。京都在這個層面上，恐怕的確是日本最有首都特色的都市了。

＊　編撰本文的二〇〇四年七月一日時，人口為一四七萬人。

＊＊　目前為全日本第六大城。

## 獨有的無產階級——製造業之城

現在大家對於京都的印象可能都跟工業發展沒什麼關係，但其實京都原本具備了各種工業發展的要素。十八世紀時，京都恐怕是全球屈指可數的工業大城。不過那時的「工業」並不是現代工業，而是工業革命之前的製造業。當時西陣就是製造業的重心。

目前今出川大宮街角的織物館前有一塊說明西陣源起的大石碑，那一帶就是西陣的中心。西陣織是現代日本生產的各種織品中最華美的一種，館裡展示了許多精采作品。參觀者看了那麼精采的作品後可能會好奇，究竟是在多充滿藝術氛圍的環境中才能創造出這麼美麗的作品，可是西陣織的產業組織，在日本裡恐怕是數一數二的黑暗。

西陣織的整體組織跟出版業有點類似。最上游有相當於出版社的織品商，他們會決定作品的走向，接著安排材料、叫工廠生產，拿到成品後販售。有些織品商有自己的工廠，有些則下單給下游廠商去做。每一個生產環節上都有各自專精的師傅，如果把各種西陣織環節的師傅加總起來，恐怕會得到一個驚人的數字。這些師傅全都是在家接案的個人工作者，只靠著手上的一門絕活餬口。這些人是在發展現代工業之前，從日本的手工業環境中活出來的一群舊社會裡的無產階級。

京都這個城市可能因為歷史比較悠久，常被人誤以為是非常過時、封建而保守的城市，可是這是個天大的誤會。京都在日本的城市中，算是比較早以自己的一套方法解構了階級制度、邁向現代化的都市。雖然西陣的勞工沒有像今天的大工廠勞工一樣有所有的工會，但他們有自己的一套強烈的無產階級意識。那種意識與對於上游老闆的愚忠是完全不同的兩回事。我認為這就是為什麼京都乍看下保守，但左派勢力從以前就深深扎根、時而出現震撼人心之舉的原因。原因之一就存在於這段工業都市的經歷中。

## 資本家走向何方——夕陽都市

相對於無產階級的織品師傅，織品商則屬於中產的布爾喬亞。除了西陣之外，室町一帶也有很多大布商跟體面的布行。

京都曾經是個與大阪並駕齊驅的商業大都會。南海、四國、九州一帶雖然是大阪商人的天下，但日本海地區——尤其北陸——自古便是京都商人的地盤。可是曾經那麼風光的京都商賈，是怎麼沒落到了今天這個地步？如今室町跟西陣一帶的商家雖然也頗有財力，可是完全比不上大阪商人，財力不知道少了人家多少個零。其他都市進步得比我們快多了。京都在近代資本主義的發展中完全落後，這方面，的確是個夕陽都市。

但我們回想從前，明治之後，當日本的資本主義進入蓬勃期時，京都的布爾喬亞並不是不曾努力過。我們就開創了全日本水力發電先例，從琵琶湖引水至京都來利用，這對於帶動都市工業革命是很有效的一步。

另外像是電影工業這種別具特色的產業，在京都也很發達，這也是京都資本家的新嘗試。一開始輸入電影器材的是京都的稻畑商店，後來當時在西陣經營小劇場的上一代牧野省三看上了這門行業，起用了以瞪著一雙大眼聞名的尾上松之助等名演員，揭開了日本電影產業的序幕。

京都陸續出了很多電影人，從長谷川一夫到山本富士子等等，但京都的電影產業在資本方面的實力如何呢？太秦雖然號稱是日本的好萊塢，有很多片場，可是我們也沒辦法說那裡就是京都的資金所在。究竟京都的資金去了哪裡？

## 受挫的布爾喬亞——藝妓文化之都

關於京都的資金都花到了哪裡去，我有一點想法。

明治維新時，天皇率領了手下眾多位高權重的人搬到了東京，京都著實沒落了好一段時間。那時候京都人覺得這樣下去不是辦法，大家齊心努力，想辦法復甦京都。那時候異想天開的一個怪點子卻反而造成了大轟動，那就是《舞京都》。

千幸萬幸、京都從德川時代就養了一票出眾的藝妓。大家便讓這些藝妓去跳舞吸引客人。一八七二年時，《舞京都》以第一屆京都博覽會的餘興節目登場，一路就這麼跳到了今天。

為了與祇園的《舞京都》抗衡，各地紛紛辦起了類似活動，先斗町辦了《舞鴨川》、上七軒辦了《舞北野》，最後連東京也趕著這股潮流辦了《舞東京》。教授舞藝的老師成了藝術院的會員，當代的一流文人全都以一副奇妙的表情去欣賞表演。發展成了不可小覷的藝妓文化。

京都的藝妓跟舞妓原本是京都的布爾喬亞們不惜鉅資、投注大筆心力去培養而出的一種賞玩性的存在。既然不惜鉅資，當然也就培養出了一票超乎想像的人間文化財。她們的確才藝出眾，可是其背後的體制之離譜也絕對舉世無雙。

至於為什麼把錢打上十個結的京都人會在藝妓這件事上特別大方？那是因為德川時代，京都有很多有錢的大老爺，而這些大老爺們深懷巨款卻又苦於海外貿易被禁，國內也沒什麼引人垂涎的投資，於是大家只好把錢花在女人身上。最最終也成功地生產出了大量而且在這世上獨一無二的美好藝術品。然而這件事也同時在京都布爾喬亞們的錢包上挖了一個大洞。

進入明治時代後，迎來了新型態的資本主義時代，這時候資本家當然應該把逸樂擺在一旁，專注事業，心無旁騖地盡情展現資本家精神。可是京都的布爾喬亞卻在那時候狂熱地栽進了《舞京都》這項離譜的活動，提倡沒完沒了的藝妓文化。究其原因所在，都是因為他們受挫了。

## 理想與現實

江戶——亦即現在的東京——在過去幾百年間無疑是日本實際上的首都。不過文化上，京都才是本家。這個觀念自古以來堅定不移。一直要到戰後，東京蓬勃發展，才出現大家認為什麼事都以東京為主的新興現象。

京都市民在文化上仍然秉持大京都觀念，而實際上，所謂的「傳統」在學問與藝術範疇裡仍不可小覷。即便經歷了中央集權的強大勢力所威脅，京都還是在學問與藝術這兩個範疇裡挺了過來。

唯獨在出版這件事上，我們敗得一塌糊塗。戰後有一陣子京都的出版社像雨後春筍般冒了出來，我原本以為有機會發展成德國慕尼黑那樣，成為日本的出版重心，沒想到過了一陣子後出版社倒得倒，幾乎無一家倖存。問題到底出在哪裡呢？我不知道，可是終究京都是失去了這樣一個美好的產業。這個都市的傳統與性格呀高雅雖高雅，但在經濟面向上就是不討好。原本以為至少像出版這種行業我們會有機會成功的。

學問跟藝術這兩個行當，倒是不會因為景氣不好而消失，至今仍發展得踔厲風發。原本京都就有很多厲害的老師，開的私塾吸引了來自全國各地的菁英。現在的市立藝術大學差不多就等於這些私塾組織化後的成果。另外，京都還有市立音樂大學*、「京響」這個市立交響樂團。有京都會館這個氣派的建築可以辦音樂會，有典雅的美術館可以辦展覽會。這些相關設施幾乎應有盡有，絲毫不愧京都文化都市之名。博物館原本是市立的，但由於維持不下去了只好轉給中央，改為國立經營。

做學問上，京都應該是全日本大學密度最高的地方，歷史也悠久。早在一八四〇年代帆足萬里就提出了成立一家總合大學的構想，場所自然選在京都。在帆足提出這項論點前，日本人並沒有「大學」這項概念，而他的計畫一實現後，立刻開啟了日本大學的源流。

在帆足的構思裡，原本希望在關東成立以追求武藝為主的大學，至於京都這邊，則把重心擺在理論上，發展成高等學術研究所。

目前這種性格還相當程度留在了京都的大學校園內。不向權力低頭，也不向金錢靠攏。不過最近出現了產業界與學校合作的產學協同這類措施後，京都果然吃了虧，根本敵不過大阪那一帶的大學嘛。

* 現已與京都市立藝術大學合併。

## 寺院與和尚——參拜費之都

眾所皆知，京都有很多寺院跟和尚。戰後京都興起了一波驚人的觀光潮，許多神社佛寺開始針對觀光客徵收參拜費。那時高山市長想到了一個好點子，覺得可以在這筆參拜費上再加上觀光稅。這個點子人人稱許，可是卻碰到了一個大難關，和尚們群起反對。

其實觀光稅的徵收對象是遊客，而不是寺院，寺院只是代為徵收而已，根本沒什麼好反對的。但他們卻發起了非常激烈的反對運動，所以市民們都說寺院一定是怕觀光稅徵收後連帶讓寺方的收入曝了光。剛好在這話題之前，發生了一件醜聞，銀閣寺的和尚把大筆的參拜費統統拿去花在酒吧女人之類的女性身上，這件事曝光後引起市民很強的反感，折騰了一番後，終於讓寺院同意代為徵收觀光稅。身為基督教徒的高山市長對於和尚的性格可能不是太了解，可是京都市民長久與寺院相處，沒想到這次還是大吃一驚，因為大家都不知道和尚一碰上了錢財，鬥志高昂成這種地步。

京都的寺院還真是多。寺院跟舞妓可以說是京都的兩大象徵。讓舞妓站在寺院前，就成了一幅典型的京都風情畫。只是這兩種人都不事生產。

京都市民對於這群龐大而不事生產的宗教人口抱持著相當寬容的態度。寺院與舞妓不同，靠的是來自地方城市的小額捐獻在生活，所以對於京都這個本山所在地反而沒有太大的資金需求。相反地，寺院還可能為京都帶來錢潮。今年西元一九六一年的春天，剛好是法然親鸞上人的大遠忌，從各地來了四百萬人朝拜。今日寺院仍然有這般的影響力，著實不能小覷。

## 京都假期——搶眼的都市

有部叫做《羅馬假期》的電影，應該算是觀光片吧。如果日本也能拍部以京都為背景的類似電影，應該能賺進不少外資，也會吸引外國遊客來玩。

當然京都跟羅馬在本質上差很多。羅馬是個古代都市，京都不是。京都市內根本沒有殘留任何古代都市的遺址，全都在應仁之亂時毀了。現在的建築物全是在那之後才重建的，木造建築不夠顯眼，拍成彩色相片也不夠突出。

雖然京都是個觀光都市，卻沒有進行任何觀光都市的整體計畫。你去搭一下觀光巴士就會知道那簡直是把人當笨蛋。車內介紹居然播了什麼《祇園小調》。那是只有在祇園楞頭楞腦的鄉下人才會唱的曲子，根本就不是京都人的小調。再說到景點，看來看去除了寺院還是寺院。告訴觀光客知恩院的屋簷上擺了一把左甚五郎忘了帶走的傘有什麼意思呢？對於了解歷史有什麼幫助？那種事一點也不會引起人家的興趣。

或許有人覺得反正觀光客全是鄉下人——在京都人眼裡，除了京都之外的地方全是鄉下——所以隨便應付一下就行了。實際情況也不由得令人萌生這種念頭，您看看，京都那麼多觀光景點，偏偏就是平安神宮跟金閣寺最受歡迎。可是這兩間俗氣得要命，也不是古蹟唷，它們都是近代重建的新穎建築。

這個現象豈非帶給了我們極大的暗示？想當個觀光都市的話，光是保存舊物絕對不夠，我們一定要讓古代的東西復活，把景點給做出來。

在此僅提出我長久以來的建議，我們應該重建一個色彩斑斕的羅城門，各位以為如何？一定會吸引大批人潮！「羅城門」已經是聞名全球的日本地名，重建的話一定能在國際上造成轟動。

## 天皇還都——典儀之都

好吧，今後京都將會變成什麼樣子？我想有朝一日京都一定會是東亞最熱門的觀光地點，外國遊客將蜂擁而來。可是京都已經沒辦法光靠觀光撐下去了，這個城市已經發展得超乎觀光足以支撐的規模。

所以到頭來我們還是得發展產業。在市區的西南方成立工業區，趕快招商！我們只有這一步了。問題在於，工業要發展到什麼規模，今日的京都已經不可能再成為一個完全的工業城市。

所以對京都來說，最好的辦法還是再次成為「帝都」。也就是說，請天皇從東京那個行幸所離開，回到京都這個真正的皇宮來。剛好現在東京的規模已經超乎一個城市應有的程度，差不多該疏散人口及解體重整了。很多人已經在提倡遷都論，我們絕不能讓其他城市搶得先機。要趕快奉請天皇回到京都。

不過我們現在應該做的並不是搶回「首都」這個地位。那些繁瑣的政治單位如果也要跟著天皇一起搬回來，我們可是敬謝不敏。京都人一點也不需要中央政府過來。剛好天皇現在也已經卸下了政治實權，只是一個單純的國家象徵。這時候正好適合在地理上也離開政治漩渦，回來京都，舉行一些有象徵意涵的儀式就好，這樣對於新生的和平國家日本來說不也是好事一件？

日本的國際會議場*已經決定在京都興建，將來京都必會成為東亞最主要的國際社交場所。如果天皇住在京都，可以在這裡接下各國大使的信任狀，也可以把所有迷人典雅的典儀統統挪來京都舉辦。對京都市民來說，這應該也是美事一樁吧。

典儀本身就可以成為一個產業，典儀的相關產業很多，例如提供各種道具與生產禮服等等。典儀京都——或許正是最適合京都未來發展的路途，不是嗎？

＊ 國立京都國際會館已於一九六六年五月於洛北寶池完工、開館。

## 追記

我在本章裡最後一論〈天皇還都——典儀之都〉裡的闡述，也在〈儀典都市〉一文中提過。

京都市民也很熱烈討論這個問題，最近大家除了還都論之外，也一併討論起了今後即位式及大嘗祭等重要祭典該在哪裡舉辦的問題（註）。

（註） 以下文章便是一例。

有田芳生著〈從「御大典」論京都「產、學」計畫〉《朝日Journal》四月十一日號，第二八卷第十五期，通卷一四二〇期，第十～十三頁。一九八六年四月，朝日新聞社出版。

# 非觀光都市——京都

**解說**

旅遊雜誌時常製作京都特集，日本交通公社出版的雜誌《旅》便在一九六一年十月號時發行了《京都、奈良特集》。當時我為它們寫了這篇文章（註）。這個題目對於一份旅遊雜誌的特集來說有點反其道而行，但我故意挑了這個題目。

（註）梅棹忠夫著〈京都不是觀光城市——千萬別誤會京都是為了觀光客而存在！〉《旅》十月號，第三五卷第十期，第四一～四五頁。一九六一年十月，日本交通公社出版。

## 市井小民的立場

每年都有很多觀光客從國內外來到京都旅遊，這些人各自帶著滿意與不滿回家。偶爾這些人對於京都的各種批評也會傳入我們這些跟觀光一點關係也沒有的平凡市民耳裡。有時候是報紙把遊客感想集結成文章，有時候是遊客自己投稿到報章上去。

這些意見裡，有些觀點很有趣，注意到了我們京都人平時也沒注意到的事，讓我們讀了也覺得真是如此。有些觀點則愚蠢至極，完全是由無知而來的誤解。當然如果我去外地旅行時可能也會犯一樣的錯誤，但即便如此，觀光客說話還真是不負責任。

每回一有遊客批評了什麼，忙著回應的不是京都市的觀光局就是旅館團體等觀光產業業者，因此每次做出來的回應都是站在觀光產業上的態度，完全被商業主義裡所謂「客人至上」的原則所把持。觀光業者對於觀光客的批評，永遠都在為了「尊貴的客人」所受到的對應而道歉、反省與解釋，並且提出各種改善與解決得方法。

我說這種作法實在太偏頗了。京都市裡還有很多跟觀光產業沒有關係的市民。這些市民的想法與觀光業者完全不同。純粹就市民角度來看，觀光客有哪裡好尊貴的？既然人人都有自由言論，我們也有很多話想跟觀光客及觀光業者說呢。雖然市民的想法很少浮上檯面，但總不能因此就忽視我們呀。

一般京都市民是怎麼看待大批湧進來的觀光客呢？又是怎麼理解京都的觀光現象呢？這些事情我想觀光客如果能夠多少了解一點，對彼此都好。

## 祇園祭的粽子

剛好今年夏天發生了一個太妙不可言的案例了。有人在報紙的投書欄裡批評祇園祭的粽子。

我想所有看過祇園祭的朋友大概都知道，祇園祭的粽子就是山鉾巡行時，有人會站在鉾車高處往下丟，讓下頭群眾搶的那個東西。早在祭典開始前，就已經販售粽子，民眾會買回來掛在玄關上，祛厄避難，算是一種符咒。

至於那報紙投書說了什麼呢，是這樣，那個人買了個粽子回家後把它打開一看，發現是空的！氣得不得了，大罵京都人做生意不老實。我想投書者應該是外地來的觀光客吧。京都人雖然很習慣觀光客的舉止，但看到這投書還是瞠目結舌。

也就是說，整件事情其實是這麼一回事。祇園祭的粽子雖然在古早前的確有包東西，但後來已經改成以細竹葉包出粽子的外形，再把幾個粽子綁成一束而已，那裡頭本來就是空的。這種事連幼稚園學生都知道。我們京都人有句話說「連祇園祭的粽子都剝開來」，意思是笑話只有蠢蛋才會做某些事。沒想到有人居然不知道其中典故便莫名其妙大發脾氣，我們京都人就是被這種厚顏無恥給嚇著了。

當然也有人同情說外地人怎麼可能曉得京都的風俗習慣嘛。可是站在市民的角度，遊客在祇園祭的前後跑來京都，卻連這點常識都不知道，不是給我們找麻煩嘛？這種常識只要隨便抓個人問就曉得了。祇園祭是市民的祭典，不是觀光客的祭典。遊客要來參觀我們無所謂，但請至少先做點功課，了解一下這個祭典的相關細節。否則誰受得了漫天批評哪！反客為主不是？

## 非觀光都市

我彷彿聽見有人說「可是我們是觀光都市嘛，遊客要無理取鬧也只好看開一點，這次的粽子事件，我們也有宣導不足的地方。」我想這種論調已經完全被「客人永遠是對的」這種觀念所牽制，無疑是卑躬屈膝的觀光至上主義。假使這種毫無羞恥、霸道橫行的作風開始在京都蔓延開來，我們京都市民飽含古風的生活方式將會受到嚴重干擾。

說到頭，「京都是個觀光都市」這個說法裡頭到底隱藏了多少危機！京都的確是個優美的都市沒錯，比其他地方也保留了更多古蹟，吸引了許多群眾來觀光。這是事實。可是「觀光」只是京都這個多元城市所具有的一個面向而已，京都同時也是一個學問之都、藝術之都、工藝之都、商業之城，甚至還是一個工業城市。這個向來以首都存在、發展的京城所蘊含的面向無比寬廣、所建立起來的結構交錯複雜。這一點，與其他沒有什麼特色、只能依靠兩三個古蹟，在戰後快速打出所謂觀光都市的名號來招攬客人的地方小城市在本質上就有所不同。所以就這層意義而言，我想我們還是別太輕率地說京都是什麼「觀光都市」，免得彼此都感到困擾。

講得直截了當一點，京都市民裡只有少部分人靠觀光吃飯，大多數市民根本跟觀光毫無關係，也沒從觀光上得到什麼好處。就算突然發生什麼事使得觀光客劇減，受打擊的也只有少數觀光業者而已，大多市民的生活根本毫無影響，也不會影響這個都市在本質上的性格。

因此我們如果站在觀光客的角度來闡述，情況會變成來京都玩時，不能像到其他以觀光立足的城市一樣，擺出一副觀光客是老大爺的態度。京都人並不會因為觀光客來玩而欣喜。而站在整體市民的立場，大批的觀光客殺進京都並不是什麼令人感激的事，毋寧說我們還比較困擾。

## 遊客應知禮守禮

其實我覺得對觀光客來講，京都應該是個有點冷漠的城市吧。車站前既沒有搭起迎賓拱廊、也沒針對觀光客提供什麼特別服務，一般地方上的小城市根本就比京都熱情多了。我的行業有時會舉辦學會，每次如果在地方城市上舉辦，總是有市長以下的人盛大歡迎，但如果在京都舉行，那是什麼都沒有，連住宿也沒人幫忙安排。一副你們自己想辦法，找地方住、自己去觀光的態度。當然這態度有點太疏離了，其實我也常聽到別人抱怨。可是大家想想，京都是個人口超過百萬的大都會，這麼做很理所當然。大家去大阪或東京的時候應該也不會期待那邊有人興高采烈地歡迎自己吧？這是一樣的道理。來京都遊覽的時候，你就只能混進市民的行列裡，遵守跟一般市民一樣的規矩，到處走走看看。在京都當觀光客，沒有任何特權。

觀光客有些行為會讓人覺得他們是不是對於「觀光都市」這個名稱有什麼誤會，以為自己可以為所欲為地享受觀光客的特權。比方說，有些遊客會穿著旅館的浴衣或睡衣走在街上，引人側目。這個現象從以前就引起市民不滿，大家不得不請旅館管管自己的客人。如今這種情況少了很多了。不過有些來畢業旅行的學生還是讓人搖頭。如果這些人真的那麼想穿成那樣走在街上，不如去熱海或別府吧，那裡才是真正的觀光都市。至於京都，我們絕對希望旅客能遵守都市人的生活禮節。尤其是來畢業旅行時，請領隊老師好好管教，趁機教導學生應有的禮貌。

## 確立「上京者」這個觀念

我剛剛說京都對觀光客有點冷淡，但這並不代表個別的市民對觀光客很不親切。長久以來，京都作為首都，時常有外地人在這裡出出入入，京都人已經習慣了跟外來的旅人相處。故而京都絕不會故意做出拒旅人於千里之外的事情。

京都現在有個市民憲章，裡頭有一條「吾等京都市民必以溫暖之心迎接旅人來訪。」這一條跟其他四條「維持典雅市容」「創造清潔環境」「培養良善風俗」「愛護文化財」等並列為京都五條市民憲章，所以可知京都人已經相當程度地意識到了旅人的存在。旅客人數那麼多，不可能不意識到嘛。只不過京都人採取的對應態度是「溫暖地迎接」而不是「以客為尊」，這一點就是重點了。認同已經是我們的極限。

京都人對於該如何對應旅人，有一套非常傳統的態度，這套態度所顯現出來的觀念之一便是「上京者」。原本「上京者」指的應該是來京都朝拜許多宗教設施的團體參拜者，但現在完全被挪用來指涉觀光的旅客。這個詞跟地域沒有關係，不管是從東海道上方或下方來都一樣，從東京來或從九州來也一樣，只要是來京都的，統統是上京，統統被當成了「上京者」。

我想上京的概念基礎應該是奠基在京都人希望把外來者從京都人生活裡隔絕開來的

想法。旅客跟市民中間存在著一道難以跨越的鴻溝與高牆，也存在著教養的歧異。鴻溝內側，是傳統悠久的都市人高尚的「文化」生活。外地人想來京都走走看看沒關係，可是要是跨越了鴻溝，跑到這一頭來可就讓大家困擾了。為了這些上京者，京都人特地在鴻溝另一側準備了上京者喜歡的事物，展覽給他們看。鴻溝的另一側，存在的正是所謂的「觀光」。

京都戰後宣稱要成為一個「文化觀光都市」，我實在搞不懂這「文化觀光都市」說的是什麼意思。「文化」跟「觀光」基本上就是背反的兩個概念，所謂的文化，從來都不是要給人看而存在的。而所謂觀光，也向來會破壞文化。把這兩個互相矛盾的概念兜攏在一起，到底想打造出什麼樣的城市？不曉得主事者心底兜的是什麼主意，不過我個人覺得，這兩個互相矛盾的概念搞不好可以同時於京都成立。就用我們一向對應上京者的方法來處理這件事，把他們隔離開來，讓文化跟觀光兩立。把文化留給市民！把觀光留給上京者！如此一來京都便能成為文化觀光都市。

## 隔離的原理

我想這個情況在每個城市大概都有，只是京都特別明顯。來京都玩的遊客常去的地方跟京都人常去的地方恐怕完全不同。例如說到京都的鬧區，每個遊客大概都會說是新京極，但那地方給京都人的感覺就是個遊客專用鬧區，京都人反而不太常去。

至於名勝古蹟，也清清楚楚地分成了觀光用跟非觀光用兩種。我自己曾經混在遊客中，搭上觀光巴士去繞了一圈。我發現巴士帶我們去的無非就是本願寺、金閣寺等等外來客專用的名勝古蹟。原來如此呀，我心想。難怪京都人心裡的京都跟觀光客心裡的京都會有這麼大的差別。

這種隔離現象也發生在商店跟貨品上。京都的東西出名的貴。如果想買西陣織或京人偶來當成伴手禮送人，這類物品的售價的確稍微昂貴。因為這些東西原本就是京都市民的「文化」產物，做得很高級，貴一點是合理的事。如果想買遊客專用的「觀光」土產，那應該到土產店買，可以買到許多便宜貨。

從以前就有人提議應該要把京都的特產做得更平價一點，讓觀光客也買得起，不過我覺得這法子行不通。因為這就像是把祇園跟先斗町變成平價餐館一樣。其實就連舞妓，也有人提議應該要多培養一些，讓人人都請得起舞妓到旅館去作樂。我本身認為舞妓是一種愚劣的存在，可是無可否認的，要培養出一名舞妓的確要花很多錢，所以這方面不可能降價。最近也有人針對遊客的需求，培養出了接待外國人跟遊客的「觀光」專用舞妓。

追根究柢，京都的文化原本就是為了京都市民而存在，不是為了遊客而存在。京都市民沒有義務要為了觀光客而把自己的傳統文化變得大眾化。假使觀光客想享受到跟京都市民一樣的文化，就應該花那些錢。只花少少錢的想法，在我們這裡行不通。

一般觀光地區都會把賣給遊客的東西賣得比較貴，但京都正好相反。「觀光」用的比較便宜。在京都，與市民文化有關的事物通常比觀光用的還高級，就這點而言，京都也算不上是觀光都市。因為這個城市並不是一切都以遊客為首要考量。

## 嚴拒生客

京都市民把觀光客留在壕溝外面遊晃，因為他們不喜歡觀光客進來壕溝的這一側介入市民的傳統文化、同享其樂。可是除了京都市民以外，還有很多人熱愛京都文化、對於所謂京都風情抱持著無限憧憬，難道這些人也要被京都市民嚴拒於千里之外嗎？

對於這些人，京都市民從以前就努力接納，努力以京都風情來迎賓。我想這種嘗試現今仍在持續中。只不過這是一件很弔詭而難以達成的事。如果您去聽聽旅館方面怎麼說客人的行為，你肯定會覺得難以想像。

比方說，京旅館為了讓客人體驗到京都料理，特地多花心思，一大早就端出了鮮製豆腐皮（湯葉）來待客，結果卻被客人埋怨說從沒見過有人早餐吃這種東西，快給我生雞蛋、海苔片跟味噌湯！又比如說，特意在客房裡焚香，沒想到被客人嫌臭，說待不下去。再例如端出了薄茶，結果客人居然連這也不懂，咕嚕嚕一口氣喝光，還嫌：「呃呀，苦死了！」

這種種現象當然讓我們不得不把「觀光」與「文化」隔絕開來。以現今一般觀光客的涵養，要理解京「文化」實在還太早了。如果我們京都人把京文化全面對外公開，會發生什麼結果呢？後果恐怕難以想像。

京都從以前就有「嚴拒生客」的傳統。旅館跟料理店除了信得過的人介紹來的客人外，絕不接生客。現在雖然很多佛寺神閣開始收取「參拜費」，開放名勝古蹟給人參觀，但還有許多好東西不對外公開。生客還是保持距離、以策安全得好，因為你不知道生客會幹出什麼事來。

## 權利與責任

京都的這種對應方式也被人責怪說京都人太自大了、太不民主了等等。可是這種批判是建立在京都是個觀光都市、應該要以旅客為尊的誤解上。站在我們腳的角度來說，來別人家看東西，到底誰才應該知禮懂事？

也時常有人批評參拜費太貴，但我想我們先不提參拜費，把眼光放在參拜費及其他地方徵收而來的觀光稅。我認為觀光稅應該要大幅調高，或者乾脆跟所有來京都旅遊的人徵收入市稅。反正他們想欣賞難得一見的珍寶嘛，當然應該要多付錢。我們也沒必要開放給所有付了高額參觀費的人參觀，只要給那些真的想看的人看就行了。京都毫無必要變成一個處處流俗的觀光區。

當然這種作法一定會引來京都的文化財不是屬於京都人獨有，而是全日本人共享的批判。但我想對於這個說法，我們一定要非常小心。這種說法總是助長鄙俗觀光主義的氣燄，最後導致了文化財的破壞。因為它讓「全體國民」這個不特定多數且無需負責的群體只需享有使用及擁有的權利，卻把管理與保護的責任全部推給京都人。

事實上，京都市為了保護龐大的文化財免於祝融之災所投入的消防組織，人員及設備開銷全都是由京都市民在繳納稅金支付。京都人對於火災小心到了神經質的地步。而千年文化正是在每一位京都人如此小心的呵護下，才得以至今永存至今。

戰後有一家進軍關西地區的報社為了宣傳，在京都市裡辦了煙火大會，結果火花墜入御所，把紫辰殿東北的小御所給燒了。惡劣呀惡劣！對於京都這種城市的生活慣習也未免太沒有概念及警覺性了！

像這樣的事情已經震撼了市民大眾，我們不由得不這麼想：招來大批遊客的觀光事業只會為我們惹來麻煩。京都市民抗拒俗眾毫無自制的觀光方式，其實背後有這麼一番苦衷。

## 為誰而辦的大文字？

「說是那麼說，你們京都市還不是拼命推廣觀光！」有些人可能會這麼反駁。不過那是京都市政府自己的作法，不見得所有市民都贊同。

市政府裡的確有觀光局，就像市政府裡也設了水道局跟清潔局一樣。每天都有這麼多觀光客來，當然要成立對應的單位。而實際上，京都市觀光局也非常努力，他們的成果從近期令人驚訝的京都觀光熱潮裡，我想就可以看得出來。

可是想當然耳，京都在推廣觀光的時候，首要考量的應是市民的生活與市民的文化財。並不是只要拼命宣傳，把觀光客引來就行了。我們都知道很多景點在成功的觀光宣傳下引來了大批人潮，結果原有景觀被破壞得蕩然無存。以洛北大原的寂光院來說，如果曾經知道它以前有多麼美好，現在的景象簡直讓人目不忍睹，不想再訪。

祇園祭也是、盂蘭盆節時的大文字也是，都只有宣傳奏效，引來了大批觀光客。可是這對於市民究竟有什麼好處？京都市民看見這空前的觀光盛況，不禁開始起疑。負責祇園祭的好幾個町內已經揚言「如果只是為了給觀光客看，我們不搭山鉾！」了不起！硬頸的市民精神！再來說說五山送火，五山送火是僅靠住在山麓的居民奉獻的勞力與金錢維持的一項活動，可是獲益的人是誰呢？巴士公司。難怪當地年輕人要問：「我們到底是為了誰在辦？」今年有些媒體竟然把用來恭送祖先神靈回到另一個世界的五山送火稱為「大文字燒」。又不是銅鑼燒！怎麼會寫出這種莫名其妙的話呢？神聖美好的送火，被貶得如此鄙俗。難道我們點燃大文字，竟是為了這些不知羞赧的人？

## 觀光奉還

不管是祇園祭或五山送火，兩者都是值得欽敬的文化。所謂文化，要在主事者對其擁有深刻了解並引以為豪的前提下才能蓬勃發展、源遠流長。目前的情況卻是，祇園祭跟五山送火都在觀光化的影響下開始對市民帶來了困擾。這是一個警訊。發展觀光，卻扼殺了文化。如果京都市的觀光局等單位已經在不自覺的情況下往這個方向發展，我們的文化將受到殘害。我想我們應該只留下文化局。京都市觀光局所應做的，也許是為京都的文化築起一道防波堤，遏止流俗的大眾化觀光主義進入京都裡頭橫行霸道。我想京都市目前的觀光政策已經面臨了危機。

我所考量的並不單只是京都市的問題而已，基本上，我對於今日所謂的觀光抱持著很基本的疑惑。在今日的觀光商業主義面前，觀光客已經被慣壞了，無論去到哪裡都一副花錢的就是大爺的醜態。任意要求，卻對自己所去的土地吝於了解。這就像沒教養的美國觀光佬一到了日本或歐洲，便開始肆意批評人家的交通工具或街景一樣。他們不管到哪兒都忘了一項大原則——當地人才是那塊土地的主人。看來，觀光會使人傲慢。

我認為最可怖的，是住在所謂「觀光地區」的人開始意識到了觀光這件事後，連自己都忘了自己才是那塊土地與文化的主人，事事皆把不知道從哪裡來的傢伙奉為上賓，卑躬屈膝地款待奉承。觀光在使人驕橫的同時，也會使人失卻骨氣。

這麼愚蠢的現象，我希望至少不要發生在京都市裡。因此我們應趕緊把「文化觀光都市」裡的觀光兩字，找個什麼單位還回去，只朝著文化都市的目標前進就好。這是在下愚見。

# III 京都市民

# 京童、京男與京女

**解說**

有一本叫做《流行》的時尚雜誌，在他們的策劃下，為京都的大家閨秀辦了一場座談會，邀我去當司儀。那真是一場百花爭妍的盛會。

座談會的記錄當時被刊登在雜誌上（註一），另外他們也要我寫篇關於京都市民的隨筆，正是下頭這一篇。當時連同座談會的記錄，一併刊登在雜誌上。

（註一）梅棹忠夫、大西美代子、寺尾佳子、桑原素子、石田雅子著〈古都的新嫁娘〉《流行》六月號，第三卷第五期，八四～八八頁。一九五四年六月，日本織物出版社出版

（註二）梅棹忠夫著〈京兒、京男與京女——京都風土記〉《流行》六月號，第三卷第五期，八四～八八頁。一九五四年六月，日本織物出版社出版。

## 一　京童

眾所皆知，京都的街道排成了垂直的棋盤格狀，在東西向的馬路名字上加上了「條」字，由北而南分別是一條到九條。京都的街道與自古以來在這城市所鋪展開來的歷史之間有很深的牽葛，而京都的小孩子也從小就從「數數歌」裡汲取了各種歷史典故。在生活裡還沒出現所謂的「社會課」等教育科目前，京都人早就有了自己的一套草根教育法。例如接下來我要為各位介紹的這首童謠（括弧裡為學習內容）。

「一條　戻橋（源賴光四天王）
二條　城（德川勢力、大政奉還）
三條　御簾屋針
四條　戲（阿國歌舞伎）
五條　弁慶（牛若丸）
六條　和尚（本願寺、親鸞上人）
七條　停車場（文明開化）
八條　數珠町
九條　東寺（平安京、弘法和尚）

孩子一邊唱著童謠，一邊問母親：「媽，為什麼四條後面是接『戲』呀？」每次母親就可以講講現在的南座、聊聊中世時代的四條河原，接著一路講到了阿國歌舞伎等等，是這樣設計的。

七條停車場指的是現在的京都車站，所以這首童謠再怎麼早，應該也是明治時代完成了東海道線後才出現的，裡頭有些名詞像御簾屋針或數珠町，就連現在的我們也不清楚。

我再來提一首玩沙包的時候唱的京都童謠吧。這首童謠也應用了同樣的概念，稍微加以變化。小孩子把沙包叫做「七小石／ななこ／Nanako」或「オジャミ／Ojami」（譯註：來自丟沙包時的聲音）。唱這首童謠時，一開始要先喊聲Ojyami，然後唱道：

「一跟

二

三韓征伐

四吉野櫻

五條弁慶

六條和尚

七條停車場

來買票吧
七色的唐辛子
還賣豆渣唷
一呀　櫻呀　櫻～花～」

七色的唐辛子指的當然就是京都名產七味唐辛子，可以在清水坂買得到。我記得除了這首童謠外，還有好多其他京都兒歌呢。

京都小孩子就在這樣唱唱數數間，不知不覺上了他們的社會課。

## 二　京女

京都人的草根社會課雖然教了小孩子許多有關京都的歷史跟地理，可是很不可思議的，關於外地的地理跟歷史卻連提也沒提過，不過這也是這門社會課的特徵。日本社會長久以來都繞著京都發展，所以很可悲的，這個王城之地的百姓心底的確攢了種意識，覺得不需要多去了解外面鄉下人的俗事。這種意識直到現在還根深蒂固。可以的話，完全不想離開京都。住哪裡都行，但我就是要住在京都，唯有此地才是真正的古都。幹嘛要費事搬去別的地方呀？

拜這種心態所賜，京都人很少搬家，對於外地的興趣之低也到了令人難以置信的地步。如果有哪個京都人誤以為北海道就在京都的旁邊，那也是有可能的。

說起來，京都具備了一切的生活機能，根本不需要去外面發展。有個小縮影，就是京都民宅，您可以在京都民宅裡滿足您所有的生活需求。井水跟浴室都在屋子裡，就連庭院也在屋內。其他地區的民宅通常會在屋子四周留點空地，但京都正好相反，庭院的四周才是房子。

您想想，住在這樣的屋子裡會發生什麼事？當然是連著好幾天足不出戶、連一絲陽光也沒曬到，於是京美人就於焉誕生。有人說京都美女的皮膚白是因為京都房子的採光不好，但這是錯誤的說法。京都美女的皮膚白不是因為京都房子的採光差，而是因為京都房子的機能太好了。在京都人懶惰的性格下，房子被設計為足以滿足一切生活需求，於焉這麼孕育出了白皙的京美人。

不過京美人、京美人地喊，京都的女孩子真的有那麼美？平心而論，京都裡也有醜女呀。這話稍微失禮了一點就是。我以前因為不清楚其他地區的女孩子姿色如何，無從比較，一直對於京美人這個說法不置可否，可是後來聽了個從其他地方嫁來京都的女性說起，她在自己的家鄉也算是容貌出色的人，可是嫁來了京都後，去澡堂時發現其他女性光膚色就比自己白上一大截。我聽了這個說法後，才相信京都確實出美女。

有人說京都人都用鴨川的水幫初生嬰兒沐浴，所以京都人皮膚白皙，我說這也是胡扯。我從沒聽過有哪戶人家一生了女兒後就馬上跑去鴨川汲水的。我有個很棒的例子可以輔助，剛剛我提到的那位在澡堂大驚失色的太太，她在京都的屋子裡住了兩三年後也成了個白皙的美女，看起來完全就是土生土長的京都美人。

## 三　京男

相較於京都女性在全國大受擁戴，京都男人簡直是乏人問津。柔弱、優柔寡斷、不可託付、糟糕至極。我自己也是個京都男人，今天一定要藉此機會來幫京都男性講句話，幫自己辯駁。

京都男人之所以給人這種錯誤印象，問題之一就出在京都話。京都話從女性的口中講出來是高雅悅耳，從男性口中講出來，就變成了不夠有男子氣概。我說這種觀念真奇怪，基本上，要男人跟女人使用不同的用詞淺字根本就是很封建的思想。

東京的男人跟女人在說話上不太一樣，但京都家庭裡並沒有這種區別。比方說，我小時候大家都自稱「咱家」，我父親直到去世為止，講到他自己的時候還是自稱「咱家」。最近這種說法總算被人批評為不合日文邏輯，可是如果連這麼洗練而且男女通用的京都話也得讓人貶責，那不是很莫名其妙嗎？

至於英雄豪傑，京都倒是真的從來沒出過。這一類人物大多都是鄉下出身。我小時候看過一本雜誌，把將帥的出身地點做成分布圖，真的連一個京都人也沒有！我心底大為震撼，可是也不會因此而想率先變成英雄豪傑。我懷疑在京都這樣的地方成長，到底有誰會變得狼戾殘暴？

相反地，京都的文人雅士倒是要多少有多少，根本是文化勳章得主的大產區。除了文化勳章外，掄下諾貝爾獎的湯川秀樹教授也是京都市民唷。

# 診視京都人

## 解說

《每日新聞》辦了一個新年連載企劃〈診視京都〉，由住在京都的松田道雄、依田義賢等有志之士輪流執筆，我也寫了兩回，其中一篇就是底下這篇文章（註）。趁著今回收錄，稍微改了一下標題。

（註）梅棹忠夫著〈京都人是烏賊？〉收錄於《每日新聞》一九六〇年一月五日。
梅棹忠夫著〈喜新厭舊論〉收錄於《每日新聞》一九六〇年一月六日

## 京都人是烏賊？

常有人說京都的人情暖涼簡直叫人心底發寒，還用「京都人是烏賊」來打比方，說京都人雖然看起來高雅有格調，但只要一不留意，馬上被噴得一身墨。另外還有一句「京都人像冰箱」，打開的時候覺得迎面吹來一陣涼爽舒適的風，但背對著冰箱馬上背脊發涼。這兩句話都是在嘲弄京都人的冷漠。我常光顧的那家理容院老闆是個北陸出身的漢子，已經在京都住了三十年了，還是說：「京都人很難相處，太冷漠了，你有事拜託京都人的話，京都人一定打包票跟你說沒問題，但你就算等到天荒地老，對方也不會主動去做點什麼。跟京都人來往得深入一點，常常會覺得自己被暗地裡反咬了一口。」在其他地區，大家比較容易交朋友，因此人際之間的交情相對來說比較深厚。但京都人不管跟別人認識多久，還是會保持一定的距離，因此看在外地人眼裡自然覺得很難相處吧，可是京都人這麼做有這麼做的道理。

京都應該是我國最早具備都市性格、也就是所謂非自然共同體的人際關係。從這種人際關係的尺度來看，沒事就去拜託別人的人反而比較奇怪。京都人不喜歡別人踰越人際之間的距離，對自己太過親暱。說起來，這應該是每個地域的人在人際關係上的準則不太一樣吧。從京都人的道德觀來說，靠別人的人情活下去的人很卑鄙。京都人不懂得所謂的義氣干霄，連一絲一毫都不懂。所以換個角度來看，京都這地方不可能出政治家或軍事家。最近雖然有不少京都出身的前大臣，但那純粹是因為大臣人數太氾濫的現象而已，不是京都人有這種能耐。

京都的人際關係法則是從千年的都市生活中，自然發展出來的一套規矩體系。這套體系讓大家在各自保有自己的生活空間時又能互相禮讓。那跟我們現在所說的「疏離」

又不太一樣。其他地方的人會把人際關係分成善意跟惡意，但京都人反而覺得這種區分法會破壞人際關係。京都人從長遠的歷史裡，早就知道了權勢的易變，因此不會把人非黑即白地分成善意與惡意、朋友與敵人，這也是京都人從歷史之中學會的智慧。

從這種角度來看，我們會發現雖然來京都的外地人總覺得京都人很冷漠，但並不是京都人真的這麼冷漠，而是各地的人情習俗作法不一樣而已。京都人一點也沒有必要反省我們是不是真的沒有人情味，因為，從歷史裡發展出來的都會生存習慣自然有它的意義。即使是在歐洲，西班牙的鄉下地方也有很濃的人情味呀，但一到了巴黎、羅馬這些老得不得了的都會，情況就截然不同了。京都也一樣。京都人的性格，其實是任何悠久的老都市都會具備的某種本質上的氣性，改不了的。自我反省根本就是自尋煩惱。

## 喜新厭舊

我先前也曾經提過京都人生活在非常龐大的、密密麻麻的無限規則之中。如果我們把這些規則換個說法來表現，也就是已經發展完全的價值體系。換句話說，正是傳統的重量。正因為這些重量壓在了人們身上，很自然從內部產生出了對於既有價值觀的反抗，出現了企圖改造現存價值觀的創造力。我想這應該是為什麼京都人會被外地人說成喜新厭舊的原因了。京都人的文化教養程度之高在全世界裡恐怕也是數一數二。在身旁到處都是美術品與藝術品的情況下，京都人從小便培養出了鑑賞眼力，對自身的教養也抱持著自省與叛逆，結果最後便以創造力的形式出現了。這其實正是京都人的強項之一，根本沒有什麼理由被批評為喜新厭舊或見異思遷。

當一塊土地上的傳統跟既有價值體系愈牢固的時候，價值觀的轉換愈難進行，而同時間也愈容易激起內部的反彈。正因為有傳統，才會產生前進的意識，而這正給予了京都人喜好嚐新的沃土。所以我們根本無需在意自己是否喜新厭舊，反而是最近大家有點太退縮了，我們得好好反省。京都人一定要在維護傳統的前提下、保持對於新事物的挑戰性。可是我們也得接受無論再怎麼挑戰，這塊土地上也不會有新的發展了。我們就像是苗圃、像實驗室，這是這塊土地的宿命。我想是因為傳統力量具有絕對優勢，因此新事物根本沒辦法打下關頭。目前來自改革派的新市長也在跟保守陣營維持巧妙的平衡間步步為營，這正是這種現象的呈現。

京都的創新從來不會推翻傳統，而是在跟傳統取得微妙的平衡間繼續前進。再此我想提個新建議，京都應該領先日本其他地方將路面電車全面廢止。京都是最早讓路面電車在馬路上跑的都市，現在我們還有一條北野線仍在運行。當初採用路面電車時，或許是非常創新的建設，但現在它已經落伍了。如果我們真的關心城市的未來，應該要趁這機會全面廢駛路面電車，而不只是北野線而已。趕快採用電力巴士（即無軌電車，採巴士車身，但以高架電纜的電力推動）或巴士才是正道，不是嗎？

全面廢止路面電車的最大障礙恐怕是京都市民對於市電的一往情深，或者說是我們京都人的鄉愁吧。做為解決方法，我們可以保留一部分的北野線，來跟傳統妥協。換句話說，只要有決心，一定可以全面廢止路面電車。另一件我想建議的是趕快完善下水道設備，強制京都家家戶戶全都改用沖水馬桶。像東京那麼大的地方很難推動這項建設，可是我們日本跟外國比起來，在這件事上根本太落伍了，現在還像十九世紀一樣。我們應當要帶動全日本都市進行現代化改革，這正是千年古城京都的使命。

## 附記

京都於一九七八年九月全面停駛市電。北野線連一部分也沒有保留。

## 解說

《京都新聞》曾經刊登過一個〈重新發現京都〉的企劃連載，找來很多人，請每個人從京都新聞攝影部拍攝的各地京都照片中，挑一張來為文抒發。所以這些文章都是以文字搭配上京都各地照片。從他們提供給我的幾張照片中，我故意避開了風景照，挑了一張御所人偶的照片。這篇文章就是當初所寫那篇（註1）。

這個專欄日後集結成一本單行本《京都再見》（註2）。後來京都新聞社總公司竣工時又重新發行了一次，當成紀念品，分送給相關人士（註3）。

我挑中的那張照片後來還發生了個小插曲。我太太看了相片中光豔與雅麗的寓所人偶後，跑去製作人偶的師傅家，請師傅讓給我們。對方俐落地拒絕了：「我們只賣給熟客。」

（註1）梅棹忠夫著〈御所人偶〉《京都新聞》（晚報）一九六五年十一月八日。

（註2）京都新聞社編《京都再見》一九六六年四月，鹿島研究所出版會出版。

（註3）京都新聞社編《京都再見》一九六六年十一月，鹿島研究所出版出版。

不管去哪裡旅行，基本上我從來不買紀念品。因為挑選東西實在太麻煩了。但不買還是可以看看。除了因為宗教信仰而禁止製作偶像的伊斯蘭各國之外，世界各地不管你去到哪裡，都看得到人偶。這些人偶反映出了各地的風俗，既有趣又可愛。歐洲的人偶帶著一股歐洲土地的味道，非洲的人偶散發出了一股非洲的詼諧滑稽。但一回到京都，見著了京都的人偶後，便覺得全世界其他地方的都只不過是死板的木偶而已。御所人偶的色澤是那樣地優雅清豔，表情如此閑雅高貴。眼前的作品摒棄了一切泥土的味道與鄉土性，向你展現純粹的都市之美。

回到京都後，我心底忍不住慶幸還好沒到處買人偶紀念品回家。

## 評——松田道雄之《從街角看京都》

**書介與解說**

松田道雄著《從街角看京都》一八八×一三〇公釐，二六二頁。一九六二年六月，朝日新聞社出版。

松田道雄先生是我非常敬重的一位前輩。同為京都市民、同樣是住在京都的知識份子，松田先生的許多文字都令我讀來特別有感觸。此文便是我應邀為其作品所寫的書評（註1）。

我同時也推薦讀者去讀另一本松田先生寫的關於他從少年時期起的回憶《花洛》。相信對於讀者朋友在了解京都市民的生活上會大有助益（註2）。

（註1）梅棹忠夫著〈溫暖的眼神，清冷的自省——松田道雄《從街角看京都》〉《東京新聞》（晚報）一九六二年七月十一日。

（註2）松田道雄著《花洛——京都追憶》（岩波新書）一九七五年十月，岩波書店出版。

這本書從去年秋天在《朝日Journal》上連載以來便得到非常熱烈的回響，書中集結了三十五篇散文。據說當初編輯請松田先生寫書時說，只要是關於京都的話題什麼都好。沒想到編輯的這個含混要求竟然能夠造就一本如此精采的好書，委實令人驚嘆。

松田先生是知名的思想家與評論家，但就像本書《從街角看京都》的書名一樣，他同時也是一位在京都街角開業的小兒科醫生。以前我一直誤會他是個土生土長的京都人，但書裡談到松田先生的雙親都是茨城人，家中生活也偏向關東文化。松田先生是所謂的「歸化後的京都人」，他以有別於純粹京都人或純粹外國人的角度，針對京都文化進行他獨有的觀察與考察。書中處處可見這些有趣論點。

市面上充斥著許多討論京都的書籍，但本書直搗京都市民生活的內部深處，有異於其他作品。書中觀點雖然與一般常見的京都論大異其趣，可是站在京都市民的角度來說，松田先生所寫、所傳述的完全是正確的真相。

不過我並不想把這本書歸類為出版社所謂「京都熱」裡的一本。這本書所寫的與其說是京都，還不如說是一個日本知識分子長達半世紀的一份精神紀錄，值得我們給予高度評價。所有隨著作者微妙的心情變化，一同感受到共鳴的同世代讀者，我想在京都之外應該也有很多。

松田先生生長在一個動盪的年代，但他似乎從不跟著波動，只是靜靜地觀察著時代長流向前奔騰而去。至少在本書裡，他是以這樣的語氣態度來書寫。

書名中的「從街角」這幾個字呈現出了一種站在固定視點上靜眼「旁觀」的意象。但全書令人驚喜地，隨處可拾溫暖而幽默的目光，只是在這樣暖情的目光底下，仍舊對於人生與歷史維持一份沉著而冷靜的省察。

但這一點，不正是京都這個城市在精神上所擁有的特殊性格嗎？歸化成京都人的松田先生，果真還是被這城市的根底性格所俘虜了。真是這樣的話，這本書就形而上學的意義來說，也可以被視為所謂的「京都產製」吧。

# IV 京都話

# 京都話與京文化

**解說**

**NHK**的連續課程裡有門《國語講座》，我負責了其中一堂〈京都話與京文化〉，當時在一九五七年（昭和三十二年）六月二十四日於**NHK**京都放送局錄音，同年六月二十八日早上於全國同時播放。

**NHK**會先在播放前將文字付梓與出版，我則負責擬寫當天講座的內容。收錄在這裡的，就是當初那篇文章（註）。

當初我在節目中播了很多預先錄好的市民會話，我想如果能收錄進這篇文章裡一定會很有趣，但請**NHK**幫忙找過，卻沒找到當時的那些錄音帶。

（註）梅棹忠夫著〈京都話與京文化〉收錄於《NHK國語講座》一九五七年六、七月號，第三卷第三期，第二九～三十頁。NHK廣播服務中心出版。

夏天又要來了，天氣愈來愈熱。一進入了七月，便揭開京都祇園祭的序幕。祇園祭以七月十七日的山鉾巡行聞名全球，不過整個活動其實從進入七月後便展開了，要整整辦上一個月，只是十七日的山鉾巡行跟前一晚的宵山是整個長達一個月的祭典高潮而已。

山鉾巡行的隊伍裡，包括長刀鉾在內的許多鉾車都很引人注目，但除了鉾車外，還有很多被稱為「山」的山車，兩者合起來才會叫做「山鉾」。「鉾」底下有大車輪，坐在車上的人邊吹奏著祇園囃子邊往前進。「車」則像神轎一樣，轎身上架出了可以肩扛、拽拉的長棍，上頭擺了白樂天跟保昌等歷史名人的人偶（譯註：如今「車」的底下也加上了小車輪，但沒有「鉾」那麼明顯）。

每輛鉾車都隸屬於某一個鉾町，這些鉾町平時各自管理、經營與維護他們所擁有的鉾車。山車也是，每個町各管理一座。這些有山車的町組織在巡行的幾天前起，會把山車上的人偶拿出來祭拜，並開放給市民觀賞。市民四處繞繞晃晃、祭拜山車，同時點幾根蠟燭奉納。町內的小孩子此時會穿上夏天浴衣，排排坐好，用可愛的聲音齊聲唄唱。例如，占出山唱的就像：

「安產的平安符，這兒起派送。信仰的人們呀，獻上一根蠟燭吧。」

唄唱的內容跟我們一般京都人平時說話的方式不太一樣。這兒使用「献じられましょう」來表示「獻上」，但這種說法現在沒人說了，語調上也有點差別。不過這種唄唱內容肯定是經過一次又一次的偈頌、一次又一次的口耳相傳才能從幾百年前留傳到今日。有人認為在那裡頭，就能窺見舊時京都話的真正樣貌。

說到這兒，到底什麼是真正的京都話呢？其實根本就沒有所謂萬古不變的正統京都話。語言這檔子事，絕對會隨著時間慢慢演變，沒有說哪個時代的語言才是「真正」的語言。京都話也一樣。每一個時代的京都市民所講的話，就是那個時代的京都話，絕不可能說哪個時代的版本才是正統的，沒有這回事吧？

京都這塊土地原本就由兩種不同的社會與文化階級結合起來。其中一種是以宮廷為主的公家、神官、僧侶等組構起的貴族階級，另一種則是以我們俗稱為「町眾」為主的庶民階級。這兩種階級雖然同時生活在一個都市中，但無論習慣、想法或語言卻大異其趣。

例如我剛剛提到的祇園祭，雖然現在大家都覺得那好像是整個城市的大祭典，其實自古以來，祇園祭是祇園一帶、八坂神社的祭典。至於八坂神社那地區的信徒可不是現在的祇園町居民，而是鴨川以西、中京那一帶的町眾。自從中世以來，祇園祭就是町眾的節慶。與之相對的，則是京都另一個有名的祭典，五月十五日的葵祭。葵祭又稱為賀茂祭，是賀茂御祖神社（下鴨）跟賀茂別雷神社（上賀茂）這兩個神社共同舉辦的，現今還有勅使參加，可以說是從王朝時代延續至今的宮廷貴族節慶。

宮廷貴族的語彙跟一般庶民的語彙應該也差很多。有些人可能不知道為什麼，就是覺得京都話應該是從公家話演變過來的，不過其實在京都話語彙集這類書中，也夾雜了一些字眼令人覺得應該是宮廷女官所使用的字彙。從現實層面上來看，明治時代之後從天皇家到公家、宮廷女官統統丟下了京都，搬去東京了，因此現在京都完全沒有留下這一類的宮廷文化。語言上也是以一般庶民語彙為基礎，去發展成為現今的京都話。反倒是我聽說在東京那邊的宮內，很久之後都還講著以前的京都話。

追根溯源，其實宮廷話跟庶民話都是京都話的一種，並非天差地遠的兩種語言，這點是可以肯定的。

☆

讓我們來看一下從町眾文化這套系譜傳承下來的京都市民語言，有哪幾樣比較明顯的特徵。

首先不得不提的就是京都人很愛講話，不分男女，這點是京都人的通病。你如果不理京都人，京都人可以滔滔不絕地講個沒完沒了。

這在日本文化中是很罕見的特性。就整體情況來看，日本人由於尊崇武家文化傳統，並不讚賞能言善道的行為。唯有像京都這麼徹底漠視武家文化的地方，才有辦法發展出口齒伶俐的文化特徵。

在京都，口才便給絕對是一項美德。不愛說話的、沈默寡言的、不擅長溝通的人都會被覺得「那個人是不是有哪裡怪怪的？」因為默默地埋頭苦幹的人，轉個身也可能二話不說就倒打你一耙，對於這種人要特別小心。總之在京都說話時，隨時流利而盡情地一句接著一句就對了。

問題來了，「會講話」是什麼意思呢？在京都，會講話並不是指一個人善於用理論來說服別人、用花言巧語來誘使別人同意自己的觀點這一類實用面向。京都人注重的是講話時一定要輕柔，你不可以期期艾艾、結結巴巴，務必流暢而有節奏感地施加抑揚頓挫。

很多人常誤以為京都話的節奏緩慢而悠長，其實不盡然。如果你聽祇園舞妓講話，可能會以為京都話都是那麼慢的，但舞妓跟藝妓在宴席場合上所講的是一種特別為了討客人歡心而發展出來的說話方式。千萬別以為京都話都是那樣的。那些女孩子在私底下說話的時候也不可能那麼慢條斯理、輕吞慢吐。中京區的一般市民所說的京都話，毋寧是飛快的。

☆

京都市民在語言生活上還有一項非提不可的特徵，那就是京都人所有的人際往來全都是外交。即使是對面三戶、隔壁兩鄰的這種近鄰，在跟對方講話時也絕不可擺出一副熟得不得了的親暱樣。你要把對方當成是千里外萬里遙的人，要有禮再有禮。就算客氣到說出「是是，正如您所說、您所說的這樣。」那一點也不奇怪。說到這，意味著「有」「是」的「ございます」這種禮貌性修辭法，在東京也變得普通了，甚至還把它講得快一點，變成了「ざあます」，其實「ございます」以及它的原形「ござります」原本都是京都話。據說是從前京都公家的閨秀下嫁到江戶的上級武士人家時，連帶將這種語法帶了過去。

在京都講話，不管是什麼事情，一定要婉轉再婉轉。直率而坦然的表現只會被人貶低為粗魯沒教養而已。任何事情從口中說出來前一定要先包好層層糖衣，委婉而輕柔地講、拐彎而抹角地講。京都人直覺敏銳，你拐再多彎，對方還是聽得懂。

通常說話客氣的程度，跟雙方的身分高低有關，不過在京都並非如此，即使雙方身分差不多，市民之間講起話來還是很客氣。原本京都就沒有什麼身分高低的問題，市民都是從前以平等性為前提的町眾社會來的。講話大剌剌又輕率的人，在京都會被人家覺得沒有禮貌、不懂得市民社會的基本規則而遭人疏遠。這種彬彬有禮的說話方式也被帶進了家裡頭。很多人跟父母孩子、兄弟姊妹、夫妻講話時還是像在跟外人講話時一樣客氣。聽在外人耳裡，恐怕不會相信那是在跟自己家人講話。這種情況並不罕見。

☆

另一件我想提的關於京都市民的語言生活特徵，不曉得應該說是格式化或是樣版化，總之京都市民對話時有自己一套非常固定的模式。

事實上，我曾經錄下京都市民的樣板對話，我請兩位京都人假裝成很久沒見面的樣子聊聊天。錄音很順利地結束了，有趣的是後來那位錄音師跟我講的小插曲。兩位京都人當然都是我請來客串的外行人，事前也沒有排練過，完全是直接上場。可是一開始錄音後，兩個人的對話簡直是行雲流水，像把水潑在豎直的板子上一樣，毫無阻礙。錄音一次就大功告成了，讓錄音師絕倒不已。

其實這根本沒什麼，因為這兩位都只是講講場面話而已。京都人除了喜慶喪弔的場合外，各種日常情況也都有一套合適的場面話，什麼時候該講什麼話，當對方講了這句話之後，你又該接什麼話，事事都有一套細膩的話術可循，大家也都曉得該怎麼講。

這不只是講話時這樣，可以說是京都整體文化的模式。什麼時候應當表現出什麼樣的行為，所有細節都有規準。也就是說，京都存在著一套極其詳密嚴謹又龐大無比的禮儀作法。如果不熟悉這些慣習而從這巨大周密的規準體系裡跨越了出去，你就會被人當成是有失體統的鄉巴佬，讓人瞧扁。

京都人為了能順利在這京城裡活下去，全身都得學會這套龐大的繁瑣規矩。只要是在京都長大的人，從小便被嚴格訓練，不知不覺中就熟習了。語言也是，要練就一套符合慣習的說話習慣雖然很辛苦，但只要學上了，就像是順著軌道前進一樣，不管什麼場合你都能合宜而從容地說出一套流利而優雅的應對。

不過這一切都只是為了要讓人行禮如儀地交談而已，最終只留下了口頭上的交流，至於內心深處，那是不可探的祕境。京都話這種語言原本就是不想觸探別人內心深處，清清爽爽來場表面社交而發展出來的。對京都人來說，探究別人心田、挖掏真心話是完全敬謝不敏的麻煩事。

☆

這麼一談，感覺好像京都話是很奇特的語言。外地人常覺得京都話跟大阪話聽起來差不多，可是聽在本地人耳裡完全不同。京都話不像大阪話那麼直截了當，也沒有大阪話那種能激起人各種情緒的稠膩度或甚至裝瘋賣傻的交涉能力，這些我們京都話可都辦不到。

京都話就是京都話。你可以稱它為藝術、學問或一種近代的技術、什麼都好，總之它是一個已經成熟的語言體系。而這體系有很重要的一部分性格是在千年多的都市生活中，被市民當成一種社交工具一步步精緻、淬鍊過來的。因此或許我們應該說的是，京都話是一種都市性的社交語言。

# 京都話小札

## 解說

我從之前就想寫點京都話的文法書，因為這是我的母語、我成長的語言，何況我對於語言現象原本就有興趣。收錄在此的是我平時做的一些簡短記錄，稱不上是有系統的文法說明，老實說，只能當成備忘錄。

市面上早有一些嘗試有系統地將京都話整理成脈絡的書籍，譬如楳垣實的《京都話》（註1，原書名為《京言葉》）。這書我原本手頭上有，不曉得收去哪兒了，因此無法在寫作本文時參考。此外在京都話的語彙集上，有井之口有一與堀井令以知兩人合著的《京都話辭典》（註2）。其他還有許多談論京都話的精采書籍（註3）。

（註1）楳垣實著、京都市文化課編纂《京都話》（京都叢書），一九四六年十二月，高桐書院出版。

（註2）井之口有一、堀井令以知合著《京都話辭典》，一九七五年三月，東京堂出版。

（註3）例如下述幾本書：
壽岳章子著《日常中的京都話》（朝日選書），一九七九年八月，朝日新聞社出版。
木村恭造著《京都話生活》，一九八三年八月，教育出版中心刊行。

## 以京都話辭典為願

來談個假設性問題。假使有一天日本這個國家不見了，京都人還是覺得京都會繼續存在。這是京都人對於這千年古都所抱持的自信。萬一有一天日本被其他國家佔領了或是這個國家垮台了，唯有京都能置身事外，平安無事。而屆時做為一個獨立國家的京都，將使用哪一種語言來當成國語呢？

毫無疑問，京都人絕不可能使用現代日本語。很多人誤以為有所謂「標準語」這種東西，但從以前到現在，日本政府從未明定任何標準語言。現今大家所認知的標準語是慢慢形成的通行於日本各地的共通語言，可是京都人並不通行這套話語。你要京都人去說標準話，那也是不可能的事。如此一來，京都國的語言除了京都話之外，別無可選。可是到了那種情勢時，目前通用的京都話都只是日常的口頭會話，從未詳密地整理成系統，也還沒有任何辭典。雖說市面上的確有些簡略的京都話字典，可是這些都不完全。目前還沒有任何堅實的京都話語言學研究。京都話的動詞與形容詞，在使用上與普通話很不一樣，助動詞與語尾助詞的用法也很特別，我從之前就想好好把京都話整理成一套有系統的辭典，但目前這篇文章裡所寫的都只是我隨手做的一些記錄，祈請讀者將它們當成簡短小札。

## 暖簾／のれん／noren

日本各地的土產店都賣了一種染印著當地方言的手巾商品，京都也是，平安神宮前的那些土產店大概也有類似商品吧。我有一次剛好拿到了一份，不過不是手巾而是暖簾，用京都話發音的話，叫做「のれん／noren」。

暖簾上的背景用的是五山送火的大文字跟五重塔、大原女等充滿京都意象的圖案，印上了幾個比較著名的京都話，其中有「せわしない／sewashi-nai／忙」跟「ええかげんに／ee-kagen-ni／差不多」這種與其說是京都話，還不如說是已經變成了普通話的字彙，也有「おいでやす／oideyasu」「おおきに／ookini」這種代表性的京都話。「おいでやす」用普通話來說，相當於「いらっしゃいませ／irasshaimase」。「おおきに」則相當於「ありがとう／arigatou」。

暖簾上介紹的這些京都話只能說非常粗略，看在我們京都人眼裡份外奇怪。老實說，這些介紹非常片面而斷章取義。如果有人覺得能從這類手巾商品上學會京都話的話，可真是想錯了。京都人說的京都話跟這一類商品上印的差很多。

如今在廣播跟電視的影響下，日本其他地方對於京都話也有了更多了解，不過京都話有許多獨特的語彙與語法，在此僅簡單介紹兩三個例子，請大家試著讀一下。

## どすえ

「京都の名物なんどすえ
まったけ、たけのこ、そうどすえ。」

這段歌詞翻成普通話來說的話，如下面意思：

京都の名物はなんですか。（京都的名產是什麼呢？）
マツタケとタケノコと「そうどすえ」。（松茸、竹筍跟「そうどすえ」）

這段歌詞裡有好幾個地方需要註釋。松茸在京都話裡不是「まつたけ／matsutake」而是「まったけ／mattake」。「なんどすえ／nan-dosu-e」跟「そうどすえ／sou-dosu-e」語尾的「え」如果前面加的是像「なんどすえ」「だれどすえ」等使用「なん／nan／什麼」「だれ／dare／誰」等疑問詞時，「え／e」相當於疑問助詞「か／ka」。但若前面沒加上疑問詞，則相當於肯定詞的「よ／yo」，例如剛剛歌詞裡的「そうどすえ」就相當於「そうですよ／sou-desu-yo」。

京都話有項特徵是語尾使用「どす／dosu」。這等於普通話的「です／desu」。大阪人則說成「だす／dasu」，有時候大阪人會把語尾的「す／su」省略掉使得語尾聽起來短而急促，變成「だつ／dat（但最後的 t 不發音）」。

「どす」在京都是很常見的日常用語，其後可以加上隱含了各種語氣的語尾助詞使用，例如「そうどすえ」「そうどすわ／sou-dosu-wa」，甚至還可以講快一點，變成「そうどっせ／sou-dosse」。

## 豆子／お豆さん／o-mamesan

京都人常常在物質名詞上加上一些敬稱，聽起來很像敬語。尤其是對家常食物，京都人講「おだい／o-dai」是指「だいこん／daikon／白蘿蔔」，「おなす／o-nasu」是指「なす／nasu／茄子」，「おとふ／o-tofu」是指豆腐，「おかぼ／o-kabo」是指「カボチャ／kabocha／南瓜」。京都人覺得「カボチャ」聽起來太嗆硬，好像要把什麼東西搗碎一樣，不好聽。其他還有「おしょゆ／o-shoyu／醬油」、「おかき／o-kaki／欠餅（麻糬切薄片，乾燥過後烤至焦酥的點心）」、「おまん／o-man／饅頭」、「おぶ／o-bu／茶」等等。除了食物以外，京都人也常在物品上加上個「お／o／御」字，變成「おなべ／o-nabe／鍋子」「おはし／o-hashi／筷子」「おちゃわん／o-chawan／碗」等。指涉身體各部位的名稱，也有「おなか／o-naka／肚子」（不過這個詞跟普通話講的一樣）、「おいど／o-ido／屁股」等。

雖然這類加上「お」的字眼大多都是廚房裡的東西，不過並不只限於女性使用，男性平時也這麼說。京都人用的這個「お」字，跟平時日本人尊稱某項人事物時會在前頭加上「お」字來表達禮貌的含意不同。最近幼稚園的小朋友很喜歡無論什麼東西上都加個「お」字，像是「おハンカチ／o-hankachi／手帕」「お洋服／o-yofuku／現代衣服」等等，不過京都人的「お」字可不一樣，哪些東西要加「お」、哪些東西不用，區分得很清楚。譬如說食物上，「ごんぼ／gonbo／牛蒡」、「キュウリ／kyuri／小黃瓜」、「かしわ／kashiwa／雞肉」、「グジ／guji／甘鯛（馬頭魚）」就都不加「お」字。

有時候，單字的前面加上「お」後，後面還要再加個「さん／san／桑」，譬如「ふ／fu／麩」會稱為「おふーさん／o-fusan」、「ゆば／yuba／豆腐皮」會稱為「おいばさん／o-ibasan（譯註：前面加上お後，ゆば轉為いば，以期發音連在一起顯得柔和）、「お豆さん／o-mame-san／豆子」、「お芋さん／o-imo-san／蕃薯」等等。

## 飯杓／おしゃもじ／o-shamoji

接下來這個也是廚房用語，現在已經變成普通話的「おしゃもじ／o-shamoji／御杓文字／飯杓」。這個字是宮廷女官取了「杓子／しゃくし／shakushi」的開頭發音「杓

／sha」，延伸為「杓之字／sha-no-ji／しゃの字」，接著又變成了「杓文字／shamoji／しゃ文字」。日本有不少名詞都是擷取某物的頭一個發音，加上「文字」兩字，變成了一個名詞。

另外像是「おすもじ／o-su-moji／壽文字」是「壽司／sushi」、「おくもじ／o-ku-moji／莖文字」是「醬菜」，不過不曉得為什麼醬菜的日文發音「つけもの／tsukemono／漬物」的「つ／tsu」會轉變為「く／ku」（根據井之口與堀井合著的《京都話辭典》表示，此語來自於將白蘿蔔或蕪菁跟莖葉一起鹽漬而成的醬菜「くき漬け／莖漬」）。除了食物以外，另外還有「おゆもじ／o-yu-moji／湯文字」指的是女人穿在和服下像一片裙一樣的襯裙，長度及膝，又稱為「腰卷」。「かもじ／ka-moji／髮文字（局部假髮）」大概也是來自一樣的造字方法。

這些名詞最早應該都是宮廷女官在使用，後來連平民百姓也說了起來。不過現在除了飯杓這個字眼之外，其他字彙幾乎都已經被淘汰了。

## 圈叉／maru-peke／マルペケ

最近在廣播及電視的推波助瀾下，由東京腔發展出來的普通話推廣到了全國，其中

有不少普通話的說法都讓京都人很意外，有一項是猜拳時喊的「じゃんけんぽん／jan-ken-pon」。這個在京都，我們喊「じゃんけんほい／jan-ken-hoi」。我一直到了成年之後才知道東京人最後接的是「pon」而不是「hoi」。京都人猜拳時喊「じゃんけんほい、あいこでほい／Jan-ken-hoi、aiko-dehoi」，最後接的是「hoi」，但關東人好像是接「あいこでしょ／aiko-desho」

另外還有一件類似的事，我到現在還有點抗拒，就是關於「圈叉」的說法。普通話裡的「叉」發音為「バツ／batsu」，但京都話裡，我們說那個畫叉叉的符號是「ペケ／peke」，圈叉我們講「マルペケ／maru-peke」而不是「マルバツ／maru-batsu」。聽說東京把「叉」講成「バツ／batsu」是來自於「バッテン／batten／罰點」這個字。不過這個字原本我們京都話裡就沒有。

## 有、是／gozaimasu／ございます

所謂「音韻」指的是像「a-i-u-e-o、ka-ki-ku-ke-ko」這些個別語言所形成的語音體系（譯註：咳嗽或噴嚏等物理聲音則不屬於「語」音）。京都話的音韻跟東京話很像，但跟名古屋地區或東北地區的語音體系有很大的差別。東北地方的濁音說得很含混，「我」這個

字的發音「わたし／watashi」會說成「わたす／watasu」，「shi」跟「su」混在了一起。關西地區如果往南邊走，到了和歌山一帶的話，還會出現 kwa 這個京都話裡沒有的音韻。

京都話跟東京話唯一不同的音韻在於「鼻濁音」（由鼻子發聲的濁音中的子音）。京都話裡沒有由鼻子發出來的「んが／nga」這個濁音。有些東京人在說「が／ga」跟「んが」的時候聽起來差不多，發音很馬虎，當然也有些東京人講得很清楚的，不過在我們京都人的認知裡只有「が」，雖然我們有時也會發出「んが」的聲音，但我們把它當成與「が」相同的意思。這兩個發音對於我們來說是一樣的。撇除鼻濁音「んが」之外，京都話跟東京話的音韻可說是非常神似。

京都話跟東京話不只是音韻相近，也有很多共通的語彙。究其緣由，我們可以從歷史背景上去考量。現今東京的山手地區以前在江戶時代住了很多上級武士，那時候的大名跟上級武士流行娶京都人當媳婦，所以有很多京都女性嫁到了江戶的上流人家裡，也連帶地把京都話給帶了過去。現在 NHK 播放的日本話聽說是以東京山手地區的中流家庭使用的語言為基礎，而那種語言絕對受到了京都話影響。山手地區的貴婦人們有個著名的口語「ざあます／zamasu」，那個字便來自於京都話的「ございます」。

# 口音

京都話的口音非常困難，只要一說錯，聽起來就像鄉下口音一樣，聽了難受。為什麼京都話每個字有這麼清楚的發音方式呢？有個比較奇特的說法認為京都話受到了中文四聲的影響。的確，中國文化被大量引進了京都，所以假使京都話的抑揚頓措、語調的上升下降真是受到了中文影響那也不足為奇。但我不知道這個說法的可信度有多高就是了。

文字很難表現出京都口音的嚴謹度，京都話裡有很多細微處一定要親耳聽過才會知道，但我在此還是嘗試用點線的方式來表現看看。一般日文通常只要用高低兩段就可以把聲調給表現出來，此外，關東腔跟京都話在很多字眼上的發音都恰恰相反，例如橋、箸、端等字。表 1 便表現出了這個情形。至於九州地區，沒有以聲調來區分同音異字的作法。

當一個字為雙音節時，除了由高而低、由低而高、由高而高的發音方式外，京都話還有一種很特別的抑揚頓措，可稱為急降式。這種發音方式在其他地方恐怕很難聽到。例如春夏秋冬裡的「夏」跟「冬」雖然沒什麼特別，但「春／haru／ハル」跟「秋／aki／アキ」則屬於這種急降式發音。如果以文字來呈現，則近似於「harù／ハルウ」

表（1）

| 關東腔 | 京都話 | |
|---|---|---|
| ha shi 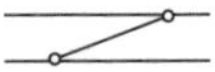 | ha shi  | 橋 |
| ha shi 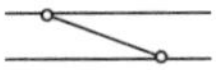 | ha shi 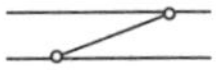 | 箸 |
| ha shi 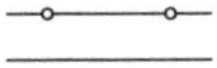 | ha shi 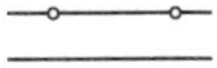 | 端 |

表（2）

| 關東腔 | 京都話 | |
|---|---|---|
| ka ki ne 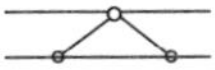 | ka ki  | 垣 |
| ka ki 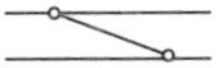 | ka ki 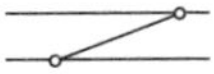 | 牡蠣 |
| ka ki 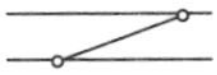 | ka ki 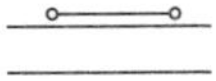 | 柿 |
| ka ki 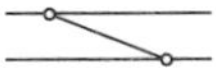 | ka ki 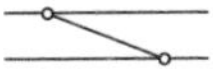 | 花器 |

表（3）

| 關東腔 | 京都話 | |
|---|---|---|
| ku mo 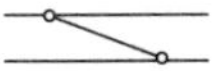 | ku mo 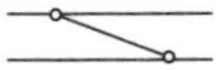 | 雲 |
| ku mo 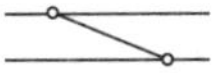 | ku mo 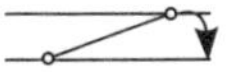 | 蜘蛛 |

表（4）

| 關東腔 | 京都話 | |
|---|---|---|
| a me 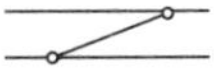 | a me 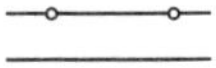 | 飴 |
| a me  | a me 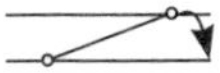 | 雨 |

與「aki／アキイ」，由低而高的第二音節母音急促下降。京都話裡時常以這種發音法來區別同音異字，如表 2、表 3、表 4 所示。

我們聽一個人在發這些聲音時是否正確，馬上就知道對方是不是京都人。這些口音太微妙了，一般人乍聽下可能聽不出來。

如果你想知道一個人是不是土生土長的京都人，只要請對方念念地名就行。以四條跟烏丸（唸成 Shijou 跟 Karasuma，不是 Yonjou 跟 Karasumaru）來說還算簡單，但東洞院跟西洞院又該怎麼發音呢？東洞院（Higashi-notouin）的高音擺在第一個起音「ひ／hi」上，但西洞院（Nishi-notouin）的高音卻擺在第二個字的「の／no」上。

電視劇或廣播劇裡如果需要請演員說京都話的時候，可能要事先好好訓練。否則說錯了一個口音，聽來就整個不對勁了。

## 當舖／hichiya／ひちや

京都跟東京的音韻雖然非常相似，但唯有一個音韻完全相反——「し／shi」跟「ひ／hi」的倒用。東京話裡時常把「ひ」講成「し」。貼身內褲「ももひき／momohiki」在東京話裡變成了「ももしき／momoshiki」。日比谷公園的「日比谷／Hibiya／ひびや」講成了「しびや／Shibiya」，因為原本的發音「ひびや」聽起來跟「澀谷／Shibuya／しぶや」很像。東京的老城區有很多字彙都把「ひ」改成了「し」。

京都人的習慣則完全顛倒，把「し」改成「ひ」。關東人到京都來時，最先讓他們嚇一跳的是當舖（質屋）唸成了「ひちや／hichiya」而不是「しちや／shichiya」。京都的當舖招牌上寫的都是「ひちや」

所以數字「七」在京都也不唸成「しち／shichi」而是唸成「ひち／hichi」。我一直到有點年紀之後才發現原來東京人是唸成「しち」。京都以前的數數歌裡有句歌詞是「第七棵是姬小松／hichi-hon-me-niwa-himekomatsu／七本めにはひめこまつ」，因為「七」要對應到「姬小松／himekomatsu」，所以唸成「ひち」而不是「しち」，否則數數歌就對不了仗了。

京都還有首罵人的數數歌。

京都話：

一びりやがって／ichibiri-yagatte／搞什麼呀！

二くいやっちゃ／nikui-yaccha／真討人厭！

上述歌詞譯為普通話是：

一いきでふざけやがって／iikide-fuzake-yagatte

二くいやつだ／nikui-yatsu-da

三 ャべりやがって／shaberi-yagatte ／　三 ャべりやがって／shaberi-yagatte
一張嘴講得天花亂墜，
四 りもせんと／shiri-mo-sen-to ／明明　四 りもしないで／shiri-mo-shinaide
什麼都不會！
五 てくさぬかすな／gotekusanukasu-na　五 ちゃごちゃぬかすな／gocha-gocha-nukasu-na
／少在那邊胡扯啦，
六 でもないこと／rokudemo-naikoto ／　六 でもないこと／rokudemo-naikoto
無聊死了！
七 ねったろか／hinettaroka ／我捏死你！　七 ねってやろうか／hinette-yarouka
八 ったろうか／hattarouka ／我打死你！　八 りたおそうか／haritaosouka
九 そぼうず／kuso-bouzu ／死和尚！　九 そぼうず／kuso-bouzu
十 んでいけ／tonnde-ike ／滾！　十 んでいけ／tonnde-ike

這首歌詞裡的「七」也一定要唸成「ひち」才可以成立。

京都的馬路是依數字編號，像五條、六條、七條這樣，七條唸成了「ひっちょう／hicchou」，「七」唸成「ひち」。雖然七條的私鐵站牌上寫成了「しちじょう」，但發音時要自動把「し」轉換成「ひ」，唸成「ひっちょう」才對。國鐵的京都車站因為位於七條，京都市民便把它跟二條的山陰線二條車站連結在一起，不叫它京都車站而叫它七條車站，唸成「ひっちょうえき／hiccou-eki」

「車站／駅／eki」這個字眼以前應該沒有，以前的人用的是從英文「station」轉來的外來語「ステーション／suteshon」，所以很多人以前都把七條車站唸成「七條的station／hicchou-no-sutensho／ひっちょうのステンショ」，還有人把「station」跟「停車場」揉合在一起，變成了「station場／ステンシャ場／suteshon-ba」。

## 央聯跟洋聯／セエ・パア／se-e・pa-a

京都話裡沒有單一音節的名詞，這個特徵非常明顯。普通話裡的單一音節名詞一到了京都話裡，統統轉成了雙音節。比如說「麩／fu」變成了「麩さん／fu-san」，絕不單發一個音。「木／ki／き」變成了「きイ／ki-i」、「葉／ha／は」變成「はア／ha-a」、「毛／ke／け」轉成了「けエ／ke-e」、「輪／wa／わ」變成了「わア／wa-a」。關東話裡有單音節，京都人聽到時有時候一下子會意不過來，例如廣播裡提到職棒聯盟的央聯跟洋聯時，都講成「セリーグ／se-rigu／Central League」跟「パリーグ／pa-rigu／Pacific League」，但京都人則把「セ」「パ」講成「セエ／se-e」跟「パア／pa-a」。普通話裡，有時候也會把不容易聽清楚的單音節字彙加長為雙音節，譬如「葉

／ha／は」在普通話裡也講成「はっぱ／happa」、「根／ne／ね」則講為「ねっこ／nekko」

把單音節加長為雙音節的時候，有時發音會變得跟京都話裡其他字彙一樣，例如「血／chi／ち」這個字到了京都話裡變成「ちイ／chi-i」，發音就變得跟「地位」一樣了。這時候該怎麼辦呢？我們會用音調來區別。講「血」的時候，我們發音是由高而高，講「地位」時，發音由高而低。另外像「木」這個字的京都話發音變成了「きイ／ki-i」，跟「紀伊」「奇異」的發音一樣，於是我們也用音調來區分。「木」是由低而高，「紀伊」是由低而高，但語尾急降。「奇異」則是由高而低。

## 老公、老闆、施主／danna-han／旦那はん

就像當舖「しちや」的發音到了京都話裡會變成「ひちや」一樣，很多普通話裡的サ／sa行音一到了京都話就變成了ハ／ha行音。例如尊稱別人什麼什麼「桑／san／さん」的這個「桑」字，到了京都話裡時常變成「はん／han」。尊稱男性的「旦那さん」會變成「旦那はん」，但尊稱女性的「奥さん」則不會變成「奥はん」，因為奥さん這個字在京都話裡原本是沒有的。這種稱呼法雖然在現代很平常，但以前我們不這麼說。

江戶人會說「お上さん／o-kami-san」、大阪人說「お家はん／o-ie-han」、京都人則通常在名字上加上尊稱。譬如「女中」——現今所謂的女傭——京都人叫她們「おなごっさん／onagossan」，字源來自於「女子眾／onagoshuu-san／女子衆さん」。家丁稱為「おとこっさん／otokossan」、學徒（丁稚／でっち／decchi）則在各人名字後加個「どん／don」或「とん／ton」，比方說阿吉就叫做「吉どん／yoshi-don」、定吉就叫做「定吉とん／sadaki-ton」等等。掌櫃（番頭／bantou／ばんとう）的名字比方說清七好了，也照樣叫「清七とん」。女傭名字後面則加「どん」，例如お清どん、お春どん。在這套語音轉換下，就有了「おばはん」「校長はん」「番頭はん」等等，不過不是所有的「さん」都會被改成「はん」。譬如歐巴桑雖然叫做「おばはん／o-bahan」，但歐吉桑卻是「おっさん／ossan」。掌櫃是「番頭はん bantou-han」但學徒卻是「でっちさん／decchi-san」。至於什麼情況用「はん」、什麼情況用「さん」沒有一個準，我也搞不清楚。

將サ行音改成ハ行音的例子還有很多，諸如普通話說「來做~吧／~shimashou／~しましょう」在京都話裡是「~ shimahyo ／~しまひょ」、「不做／shimasen ／しません」變成「shimahen ／しまへん」。在此，什麼情況下要發 s音，什麼情況下又發 h音，我也搞不懂規則。稍後我會再詳述用語中把 s 轉換為 h 的例子。

## 借來的貓／karite-kita-neko／かりてきたネコ

普通話裡含有「あう／au」母音的動詞在轉成過去式時，京都話會將「あう」轉成「お／o」，譬如「しまう／shimau」變成「しもた／shimota」、「もらう／morau」變成「もろた／morota」，語尾稍微短促。

京都話的動詞跟形容詞在活用上都有非常明顯的特徵，所以外地來的人常常搞得一頭霧水，連我們京都人最近也很常搞混的是「かった／katta」這個用法。京都話裡的「かった」相當於普通話裡的動詞「借りる／kariru／借」的過去式。京都人不用「借りる」這個動詞，我們說成「借る／karu」，所以我們說買東西「買う／kau」的時候，雖然也會說成「買った／katta」，可是基本上還是使用「買うた／こうた／kouta」的說法。日文裡笑人家突然變得很安靜乖巧，像變了一個人一樣時會說「像『借來的貓／karite-kita-neko／かりてきたネコ』一樣」，這句話如果用京都話來說則是「katte-kita-neko／かってきたネコ」。可千萬別在寵物店裡開玩笑時把「你像借來的貓一樣」講成「你像買來的貓一樣／koute-kita-neko／こうてきたネコ」唷（表5）。

表（5）

| | 例 | 未然 | 連用 | 終止 | 連體 | 假定 | 命令 |
|---|---|---|---|---|---|---|---|
| 京都話 | 借る／karu | ら／ra | -っ／tsu<br>-り／ri | る／ru | る／ru | れ／re | れ／re |
| 普通話 | 借りる／kariru | り／ri | り／ri | りる／riru | りる／riru | りれ／rire | りろ／riro |
| 京都話 | 買う／kau | （か）わ<br>（ka）wa | （こ）う<br>（ko）u | （か）う<br>（ka）u | （か）う<br>（ka）u | （か）え<br>（ka）e | （か）え<br>（ka）e |
| 普通話 | 買う／kau | わ／wa | -っ／tsu<br>-い／i | う／u | う／u | え／e | え／e |

## 快點走啦／hayo-iko／はよいこ

京都話是不是都很溫吞、講得很慢呢？其實不盡然。小孩子早上去找朋友上學時說的這句：「快點！我們去上學啦！／hayo, gakko-ikimahyo／はよ、がっこ、いきまひょ」很明顯地傳達出了京都話的特徵。這句話翻成普通話是「hayaku-gakkou-ni-ikimashou／はやく学校にいきましょう」。京都話的特徵之一在於短音化，動詞跟形容詞裡如果含有「う」的音，語尾都會被縮短，例如「走吧／ikou／いこう」變成「iko／いこ」、「跑吧／hashirou／はしろう」變成「hashiro／はしろ」、「回去吧／kaerou／かえろう」變成「kaero／かえろ」。

形容詞也一樣，京都話會把「快一點／hayaku／はやく」說得柔一點，成為「hayo-u／はよう」，語尾的「u／う」去掉後變成「hayo／はよ」。「快點走啦／hayo-iko／はよいこ」這句話如果說得客氣一點，可以說「快點兒，我們走吧／hayo-iki-mahyo／はよ、いきまひょ」，這時候句尾那句「いきまひょ」就等於普通話裡的「いきましょう」，只是把「しょう」裡的s音轉成h音，成了「ひょう」。再把「う」去掉，變成「ひょ」，所以成了「いきまひょ」，這樣聽起來就很有京都味了。

夏天去海邊玩曬黑了，我們不說「變黑了／iro-ga-kuroku-natta／色がくろくなった」，我們說「kuro-natta／くろなった」，少了那個「く／ku」音。

## しいひん／shi-i-hin、せえへん／se-e-hen、しやへん／shiya-hen

動詞的肯定句，就像我一開頭說的一樣會以「~どす」結尾。這個「どす」相當於普通話的「です」。譬如「嗯，是呀／へえ、そうどす／he-e, sou-dosu」（はい、そうです／hai, sou-desu）、「天氣真好呀／えーお天気どすな／e-otenki-dosu-na」（よいお天ですね／yoi-otenki-desu-ne）。

形容詞的肯定句則以「おす／osu」結尾，比方「那就太好了／そら、よろしおす／sora, yoroshi-osu」（そりゃいいわ／sorya-iiwa）、「真好吃／おいしおすなあ／oishi-osu-na」（おいしいわねえ／oishii-wa-ne）。

動詞的否定句則會在未然形（否定形）上加上「へん／hen」，相當於普通話的「せん／sen」。這時候當然又要用到 s 音轉化成 h 音這項法則，所以「不做／しません／shimasen」變成「しまへん／shimahen」、「不去／いきません／ikimasen」變成「いきまへん／ikimahen」。而過去式則是「～しまへなんだ／shimahe-nanda」「いかしまへなんだ／ika-shimahe-nanda」。

這個「へん」只適用於五段活用動詞的否定句，如果是一段活用動詞的否定句時用法又不一樣。「看／みる／miru」會變成「不看／みいひん／mi-i-hin」而不是「みへん／mi-hen」，也就是說一段活用動詞的否定句不用「へん」而用「ひん／hin」。五段活用動詞以外的動詞如果語尾發「い／i」音時，其否定句也要用「ひん」，例如「不做／しいひん／shi-i-hin」「不來／きいひん／ki-i-hin」。但有一些情況例外，如「しいひん」也可以說成「せえへん／se-e-hen」或「しやへん／shiya-hen」、「きいひん」

也可以說成「きやへん／kiya-hen」。總之基本上，原形動詞的否定用「へん」，語尾為「い」音的動詞則用「ひん」。

普通話的「沒有／arimasen／ありません」到了京都話裡雖然變成「ありまへん／arimahen」，但以前是說：「ござい まへん／gozaimahen」。近代京都話裡有時會把「ありまへん」說成「あらしまへん／arashimahen」，過去式則說成「あらしまへなんだ／arashimahe-nanda」。「いきまへん」現在可以說成「いかしまへん／ikashimahen」，這種說法我想以前都是沒有的。

「よう～せん／yoo～sen」這個說法在以前以京都、大阪等被稱為「上方地區」所使用的各種「上方語」裡，都可以見到。用現代話來說得比較委婉一點，大概相當於書面文字的「え～せず／e-sezu」吧。也就是「我做不到～／watashi-ha～deki-masen／わたしは～できません」。

京都話用來展現語氣的語尾助詞非常豐富，這點在普通話裡也一樣。京都男人在說我會去時，語尾也使用其他地區只有女性使用的語尾助詞「わ／wa」，說「いきますわ／iki-masu-wa」。那麼京都女人怎麼說呢，她們說「いきますえ／iki-masu-e」。

京都話的語尾通常不會斷然截掉，一般會加上個什麼字。至於要加什麼語尾字眼，則視情況有所不同。

我們以「いきますわ」這句為例好了。

當心裡不太想去，但又不得不去時我們說：「哎，真沒辦法，好像不能不去耶。那我就去吧／maa, sya-naina, ikan-naran-na, honara,ate-iki-massa／まあ、しゃあないな、いかんならんなー、ほなら、アテいきまっさ」。當對方要我們表態去不去：「你呀，你到底去不去呀？怎麼樣呀？／anta, ikinoka-ikan-noka,docchi-nanya／あんた、いきのかいかへんのか、どっちなんや」，可是我們又不想去：「不了，我還是不去了／iya, ate, iki-masse／いや、アテ、いきまっせ」最後快來不及了，「哎唷，時間差不多了，走吧走吧／hona, mou-sorosoro, iki-mahyo-ka／ホナ、もうそろそろ、いきまひょか」。

這些語尾助詞都隱含著非常微妙而不同的語氣，很難在文法書裡說明清楚，尤其京都人會配合不同的情況來使用千變萬化的語尾助詞。

除了上述，語尾助詞還有：「しまへんがな」的「な」、「あらしまへんねん」的「ねん」、「そうやろうかいな」的「かいな」等等，非常豐富。要搞熟這些語尾助詞的用法得下一番苦功才行。

## 我什麼也不知道唷／atera-shirannde／あてらしらんで

京都話還有一項很有趣的特徵，只要是京都人應該都會會心一笑，就是大量捨去格助詞（介系詞）不講。例如「去學校／gakko-he-iku／がっこへおく」中的「去／he／へ」就不講。「看書／hon-wo-yomu／本をよむ」中的「wo／を」不講，「穿和服／kimono-wo-kiru／着ものをきる」只說「着ものきる」、「我做／watashi-ga-suru／わたしがする」變成「わたしする」。日常生活中時常省略這些格助詞。

但有些格助詞一旦拿掉就會讓人聽不懂，例如跟誰一起做什麼事的「跟／to／と」、所有格「的／no／の」皆是，所以「我的和服／watashi-no-kimono／わたしの着もの」我們不會說成「わたし着もの」。

至於「我做 watashi-ga-shimasu／わたしがします」「我去／watashi-ga-ikimasu／わたしがいきます」中的「ga／が」在京都則幾乎不用，取而代之的，是時常會把京都人用來代表單數第一人稱的「我／ate／あて」這個詞的複數形「我們／atera／あてら」用來取代「が」。

有句話我以前也很常喊，小男生做了壞事後，逃跑時邊逃邊喊「我什麼都不知道唷~不知道唷／あーてらしんで、しーらんで、しらんで」。

京都人會用第一人稱複數形來自稱，「あてらしらんで／atera-shi-rann-de」就是「わたしは、しりません／我不知道」。這時「は」被改成了「ら／ra」，而「わたし」在京都講成了「あて」，於是就變成了複數形的「あてら／atera」。

所以外地人雖然常誤以為京都話的節奏很慢，講話很花時間，但其實京都話裡省略很多字眼，縮短了節奏。

## 打／tatakahatta／たたかはった

小孩子在外頭打架，被打得鼻青臉腫了後回來說「某某桑打我」。這句話在普通話裡是「○○ちゃんがたたいたあ」，可是京都話不說「たたいた／打」，我們說「○○ちゃんがたたかはった」。外地人可能覺得很奇怪，為什麼我們提到打我們的人時竟然還用敬語呢？

京都人跟外人提到自己家人的時候，譬如說：「我爸爸寫的／uchi-no o-tousan-ga kakaharimashita／うちのおとうさんがかかはりました」。一般普通話在提及家人時並不會使用敬語，那才是正確用法，所以有些外地人聽到京都人用了「はる／haru」這個敬語覺得很奇怪，京都人是不是文法不太好呀？不過這完全誤會了，「はる」這個詞雖

然比較婉轉、禮貌一點，可是還不到敬語的程度，京都人平時會話時很常在肯定句後加上這個字。

那麼京都人使用敬語時又如何表現？其實很簡單，我們會在動詞的連用形前加上開頭語「お」、並在語尾使用助動詞「やす／yasu」，例如「歡迎光臨／おいでやす／oide-yasu」（いらっしゃい／irasshai）、「寫／おかきやす／okaki-yasu」（おかきになる／okaki-ni-naru）、「吃了嗎？／おたべやしたか／otabe-yashita-ka」（おあがりになりましたか／oagari-ni-nari-mashita-ka）。

這個「お～やす」的句型是一般用來對別人表達敬意時的表現，但用在自己人身上的話就會很奇怪。

相反地，當我們要輕蔑、痛罵、講敵對者的壞話時又該怎麼表現呢？以一開始那個「打人／たたかはった」為例好了，我們會說「他打我／たたきおった／tataki-otta」「他硬要打我／たたきやがった／tataki-yagatta」。更強烈一點，則說「可惡，那王八蛋打我／たたきくさった tataki-kusatta」，講到這地步的話已經很難聽了。京都話裡有很多互相叫囂、罵人的說法，並不是說京都話裡就沒有罵人的字眼，要吵架的話，什麼話都講得出來。但用京都話吵架聽起來實在不夠帶勁，根本比不上東京腔或大阪腔。

## おいでやす／oideyasu／歡迎光臨

「お～やす」是我們平常使用的敬語表現，那麼要用祈使句請對方做什麼事時，怎麼說才會比較客氣呢？

普通話裡會用「～してごらん」，例如「有什麼理由的話，講出來聽聽／wake-ga-arunara, hanashite-gorann／わけがあるなら、はなしてごらん」而在京都話裡，我們會說「しておみ／shite-omi」或「しとおみ shito-omi」，於是整句話可以講成「わけがあるならはなしとおみやす／wake-ga-arunara hanashitte-omiyasu」。相對於普通話裡的「ごらん／goran」，京都話用「みる／miru」的「み／mi」，而「しとおみ」後頭再加上敬語表現的語尾詞「やす」，就成為「しとおみやす」。這種句型裡，「み」前的「お」是動詞的尊敬語，語尾加上的「やす」常常會省略掉，只留到動詞的部份，例如「請吃／o-tabe／おたべ」「請喝／o-nomi／おのみ」「請用餐／o-agari／おあがり」等。但如果語尾的「やす」保留下來，則是端正的敬語表現。

而當我們想拜託別人幫我們做什麼事時，怎麼樣使用祈使句會顯得比較客氣呢？普通話裡有「請做～／してください」這種句法，這句話講得輕鬆就成了「～してちょうだい」。要把它變成京都話時，就像「してごらん」變成「しとおみ」一樣，我們可以把「ください」改成「おくれやす」，所以「請讀／よんでください」就變成「よんどおくれやす」「請聽／きてください」就變成「きとおくれやす」。

客人走進一家店時會打招呼「ごめんやす／打擾了」，這時候店家用普通話回應的話，是「いらっしゃいませ／歡迎光臨」，用京都話則說「おいでやす」。不過這是生意用語，一般日常用語要說「おこしやす」，是「くる／來」的敬語表現。

讓我們扯遠一點，普通話裡叫小孩或熟人過來時，會把尊敬語「いらっしゃい」改成親暱的用法「おいで」。可是這個「おいで」聽在京都人耳裡非常不舒服。沒有什麼理由，就是刺耳。最近年輕人可能不覺得怎麼樣，但以前我們是不用這個詞的。

那麼要叫小孩子過來時，如果不說「おいで」要說什麼呢？我們會說「快嘛，你來這裡／**hayo, kocchi-oi-nai**／はよ、こっちおいない」。這時候用的「おいない／**oi-nai**」展現了一種親切的氛圍，從嬰兒到成人都可以對他們這麼說。當然也可以比較不帶感情地說「おいでやす」，但這祈使句聽起來就比較硬。

這用法延伸出去，還可以應用到跟別人要東西時說「這可以給我嗎？／**kore-okunai**／これおくない」而不說「給我／**okure**／おくれ」。當然這是跟小孩子或同輩講的話，比較正式一點的話，則要說「請給我／**okureyasu**／おくれやす」。

## 我走了／ite-sanji-masu／いてさんじます

京都的日常會話態度可以概分為兩大類，一種是跟關係很親近的人的對話，另一種是跟必須保持些微距離的人的對話。這跟普通話裡分成一般說法及敬語的作風稍微有點不同，京都人在乎的是個體的差異性及親密度，所以即使在家庭裡，有時還是會採用稍微有點距離的說話方式。

不過整體而言，京都人的日常會話算是非常儒雅的，連在家裡面講話也不會太放肆。

譬如我們前面提過的「はる」這種用法，我們對小嬰兒也用はる：「小嬰兒在哭了／akachan-ga-naite-haru／赤ちゃんがないてはる」，我們不會說「Akatyan-ga-naiteiru-yo／赤ちゃんがないてるよ」。連對那麼小的小貝比，京都人還是會保持適當的距離感。

至於同輩朋友或兄弟姊妹在說話時，句尾常會加個「や／ya」來彰顯隨意，相當於普通話的「だ／da」，尤其是小孩子特別愛用這個字，「對呀對呀／souda-souda／そうだ、そうだ」在京都話裡是「soya-soya／そや、そや」。

不過通常來說，隨著年齡慢慢增長，在家裡面講話也會慢慢注意自己的遣詞用字，對父母說話時開始保持相當程度的距離。「してはる」是基本用詞，甚至還會講得更客

氣。相對的，母親對自己的孩子講話時通常也會使用敬語，例如「你快做吧／sassato-oshiyasu／さっさと、おしやす」「快吃吧／hayo-otabeyasu／はよ、おたべやす」。另外像是出門時，普通話會說「我走囉／itte-kimasu／いってきます」但京都話則說「ite-sanji-masu／いてさんじます」。回家時則說「我回來了／ite-sanji-mashita／いてさんじました」。

日本全國在句尾上的斷定語氣上可以概分成三種說法：「だ／da」、「じゃ／jya」跟「や／ya」，京都跟大阪都是以「や」結尾。

## 是這樣吧／sou-dossharo／そうどっしゃろ

京都人還時常在「やす」之後再加個「や」以加強語氣。「你做做看嘛／shite-o-mi-yasu-ya／しておみやすや」（してごらんなさいよ）。這是一個個字慢慢講清楚的講法，但平時說話時比較快，會變成「しとおみやっしゃ／shito-o-mi-ya-ssha」，這時「やすや／yasu-ya」變得比較短促化的「やっしゃ／ya-ssha」。其他還有很多促音化的例子，例如「是這樣吧／sou-dosu-yaro／そうどすやろ」裡把「や」變成假設式的「やろ／yaro」，這時如果講快一點就會變成「そうどっしゃろ／sou-do-ssharo」。還有比如「應該會很順利吧／umai-koto, ike-ma-ssharo ／うまいこと、いけまっしゃろ」等等。這些都是很日常的說話方式。

## 千千萬萬懇請原諒／kitsuu-kitsuu-kannin-dosse ／きつうきつう堪忍どっせ

平時生活裡講京都話講慣了，自己也沒發現，但外地來的朋友有時會說京都人講話時很喜歡用疊字修飾，例如把形容詞或副詞連講兩次：「有一隻很大的、很大的狗／okkii-okkii-inu-ga ／おっきい、おっきい犬が」、「變冷冷囉／samuu-samuu-natta ／さむうさむうなった」都是很常見的說法。「千千萬萬懇請原諒／kitsuu-kitsuu-kannin-dosse ／きつうきつう堪忍どっせ」這個講法很誇張，聽起來好像是什麼典型的京都話，其實這只是我們在揶揄祇園那一帶的講話方式，不是正統的京都講法。真的要請別人原諒的時候，應該說「請原諒／kanin-shito-o-kureyasu ／堪忍しとおくれやす」。

總之京都人很愛用疊字，最近京都人都說大學教授一個比一個「愈來愈奇怪了／mutsukashi-mutsukashi-nari-otta ／むつかしむつかしなりおった」。

## アテ／ate／咱家

京都話裡的男性用字跟女性用字雖然也有點不同，但比起普通話或東京話那真是好多了。尤其是在自己家裡面講話，幾乎沒什麼男女用字的差別，我跟我姐姐妹妹說話時用的字眼幾乎一樣。

京都話裡的第一人稱，在家裡我們自稱「咱家／ate／アテ」，在外面我們自稱「我／watashi／わたし」。「咱家」這個字跟關東話的「咱／atai／あたい」應該來自同樣的語源。我父親直到死前都還自稱「咱家」。至於「僕／boku」聽起來很沒見過市面，好像哪裡來的鄉下書生一樣。「俺／ore」又太野蠻了。如果一家之主想表現得比較威權的時候可以自稱「儂／washi」。「咱家」是男女通用的字眼，女性還可以自稱為「人家／uchi／うち」。

至於第二人稱代名詞，在自己家裡我們都用「你／an-ta／アンタ」，到了外面要用敬語時，就在後頭加上「はん」變成了「an-ta-han／アンタはん」，這時高音通常落在最前頭的「ア／a」上。第三人稱原則上用「那個人／ano-hito／あのひと」，稍微客氣一點的話則加個「お」，「ano-o-hito／あのおひと」。

## 噗通噗通／don-buri-ko／どんぶりこ

我工作的國立民族學博物館裡有個語言展示區，裡頭有個全國方言地圖，按下了按鍵後就會開始播放以各地方言述說的《桃太郎》的開頭一小段。從北邊的北海道、青森一帶到南邊九州、沖繩方言都有。我對沖繩、青森的方言是聽得一頭霧水，沒想到日本話裡的方言種類居然這麼多。

收錄在這個設備裡的京都西陣方言由我本人錄製，雖然我也沒自信說得非常道地，但應該差不了多少吧。總之是標準的京都話。下面就是我錄製的那一段：

桃太郎さんのお話したげようかあ。むかしむかし、あるところーになあ、おじいさんとおばあはんがいやはったんやて。ほってな、おじいさんは山へ柴かりにいかはって、おばあはんは川へ洗濯にいかはったんやて。おばあはんが、川で洗濯してはったら、川のなかを、おっきなおっきなモモが、どんぶりこ、どんぶりこと、ういてきたんやて。ほんでんなあ、おばあはん、えらいよろこんで、そのモモひろて、よっこらしょと、もってかえらはったんやて。うちかえって、おじいさんといっしょにモモたべまひょうおもて、長たんで、モモきろおもはったんやて。ほったら、モモがひとりでにポーンとわれて、なかからおっきなややさんが、とんで出てきやはったんやて。

おじいさんとおばあはんは、えらいよろこんで、モモからうまれたやや子やさかい、桃太郎ちゅう名つけて、だいじにだいじにおっきしやはったんやて。

（我來跟你說個桃太郎的故事吧，從前呀從前，有個地方裡住著一位老爺爺跟一位老婆婆。這個老爺爺去山裡砍柴的時候呀，老婆婆就到河邊洗衣服。有一天老婆婆在河邊洗衣的時候，看見河中間漂著一顆大桃子，噗通噗通地流過來。老奶奶好高興，嘿咻！撈起了那棵桃子。回家後，她跟爺爺打算把桃子劈開來吃，兩人拿起了菜刀，正打算往這桃子一劈的時候，桃子忽然分成了兩半，從中間跳出來一個小男孩。老爺爺跟老奶奶真是開心極了。這男孩是從桃子裡蹦出來的，所以取名為桃太郎，細心地把他撫養長大。）

你聽每個地方詮釋這段故事的方式會發現各地使用的詞彙、說法與腔調非常不同，豐富而多元。

比方說我們京都把切菜的菜刀叫做「長たん／naga-tan」。另外我們說到小男孩蹦出來的時候，也用はる——出てきやはった（過去式）。還有一件事很妙，那一段桃子從河裡漂過來的敘述，京都人說「噗通噗通」，可是我有一次聽見其他地方來的女孩子邊說邊笑：「哪有什麼噗通噗通呀，是噗嚕噗嚕啦！」可見京都人雖然講「噗通噗通」，但其他地方有些人講「噗嚕噗嚕」。我自己倒是從沒想過噗嚕噗嚕這種講法，但這世界上的確也同時存在著認為噗通噗通才比較奇怪的孩子呢。

## 京都話跟大阪腔

京都話屬於江戶前期通行於京都、大阪等所謂「上方地區」的上方方言的一種，同為上方方言，京都話跟大阪話的確有不少共通點。牧村史陽先生編纂的《大阪方言辭典》是一本非常精湛的辭典（註），京都人讀這本辭典的時候大約有一半以上都能理解。不過讀得懂是一回事，大阪腔在語彙上跟京都話還是有很多差異。許多京都人會講的字眼，大阪人都不說。大阪話一開始由河內國（相當於今大阪府東部）的河內語發展而來，因此在文法上與京都話截然不同。

京都話跟大阪話有個很容易被搞混的詞彙──はる。這個話在京都話裡用於五段活用動詞時，是接續在未然形（否定形）後面使用，如「讀／yoma-haru／よまはる」「寫／kaka-haru／かかはる」等。但用在大阪話裡，則接在連用形後，如「讀／yomi-haru／よみはる」「寫／kaki-haru／かきはる」等。京都話說「做／shiya-haru／しやはる」「來／kiya-haru／きやはる」，但大阪話說「shi-haru／しはる」「ki-haru／きはる」。於是很多時候大家就把京都話跟大阪話給搞錯了，尤其是大阪的雜誌編輯來採訪京都人

時，時常把京都人的話記載錯誤，我不曉得訂正過多少次這種謬誤了。明明京都話跟大阪腔在文法上不同，但很多人都沒注意到這件事。

有個大阪腔的語法我們京都人聽起來很奇怪，就是「いてる／iteru」這個字眼。大阪人會說「有隻狗／inu-ga-iteru／犬がいてる」，但這個字眼在京都話裡沒有，我們只說「いる／iru」。

（註）牧村史陽編纂《大阪方言辭典》，一九五五年十二月，杉本書店出版。
此字典亦曾加以增訂成文庫版：
牧村史陽編纂《大阪話事典》（講談社學術文庫）一九八四年十月，講談社出版。

## 船場的學徒

明治時候，有很多京都土生土長的孩子到大阪去當學徒，那時候對京都人來講，大阪是個很遙遠的異鄉，講的話也不一樣，讓人很擔心。但那時候有些人去的地方是船場，一到了那兒，那些人發現船場人跟京都人講的話幾乎一模一樣，於是一顆心也就安了下來，事事順利多了。這件事其實是有道理的，船場商人以前就是京都商人。豐臣秀吉那年代，或者在那左右的年代，有很多京都商人從京都跑到大阪的船場發展，於是把語言也帶了過去。因此今日大阪裡只有船場的語彙跟京都話非常相近。

但一般所謂的大阪腔並不是單指船場話，所以跟京都話很不一樣。現在由於電視跟廣播裡常出現大阪腔，很多日本各地方的人也都多少聽得懂一點，於是很多人就把大阪腔跟京都話混為一談了。

## 上、下／agaru、sagaru／上ル、下ル

現在京都市內共有十一區，原本只有上京跟下京兩區，其他都是昭和之後才慢慢增加的。京都人把上京跟下京簡稱為上／kami／かみ跟下／shimo／しも，而上、下的界線在哪兒呢?就是二條通。二條通以北稱為上，以南稱為下。我到現在還是習慣說「我去下面一下。」每次去四條河原町一帶的鬧區買東西，總是說「我去下面」。上面大多是住宅區。伏見人去四條時，則說：「我去京都。」「京」這個概念含括了現在的上京區跟下京區，亦即京都的舊市區。從舊市區越過鴨川後鴨川以東就不是「京」了。我現在住的這個北白川這一帶，這兒的人每次去西邊，越過了鴨川，也說他們是「去京都」。

京都人有件事常常讓外地人受不了，就是跟京都人問路的時候，假設答案應該是往

北走，京都人卻說：「你往上走。」往南的話，則說：「往下走。」不然就「往東邊拐進去」「往西邊轉進去」。跟一個外地人說他應該往上走，外地人根本搞不清楚哪邊是上面。剛來京都的人當然會聽得一頭霧水。而京都的地名標示也在京都人這一套方向概念下，以東西南北的馬路為座標軸標成了諸如「柳馬場通蛸藥師通下ル」這般。這代表的是從柳馬場通跟蛸藥師通這個交叉路口沿著柳馬場通往南的位置。

至於「中立賣通淨福寺東入ル」則是從中立賣通跟淨福寺通的交叉路口往東走。

日本全國的地名在郵政省等單位主導下被統一成了街區制，可是京都舊市區早就已有了一套嚴密的既成體系，所以完全沒有更動。

京都的地名可能讓有些人覺得很難懂，其實掌握住規則之後，您就會發現再也沒這更簡明的標示法了。

## 言語島

同樣是京都市內，舊市區跟周邊地區的用語迥然不同。先前我介紹的京都話都以舊市區為主，比較溫文儒雅，但一樣位於京都盆地內的近郊的農村，講起話來就比較野了，用詞淺字也較為粗鄙。

因此從這個層面來看，我們可以說京都舊市區內相當於一個獨立的言語島。而包圍著舊市區的周遭農村則操著近似於近江及南山城一帶的鄉野語言。舊市區在整個大範圍的京都土地上，獨自發展出了自個兒的一套語言文化。我目前居住的北白川這一帶雖然是住宅區，但以前是農村。如今世居當地的人還是滿口農村土話，聽起來跟京都話一點都不像。

至於由上京區與下京區所形成的舊市區裡是不是大家都講著一樣的話呢？也不盡然。就連在這麼狹小的舊市區裡，上、下的語言還是多少有點差異，我們一聽就知道對方是住在上京或下京。至於伏見那更是天差地遠了。京都人只要一聽，大概就曉得對方住在哪一區。

京都的公立學校採行很嚴格的學區制，每一區的人應該要上哪個小學、國中或高中都規定得好好的，由於是照居住地來劃分，個人無從選擇，可是只有一間學校例外，就是相當於高中的美術學校。京都的藝術風氣自古以來興盛，這間高中於是兼設了美術學校。它們不採行學區制，接受京都各地的學生入學，而當時這間學校還在舊市區裡的南端，剛好我家次男進了這所學校。我們向來住在上京，上京與下京的講話方式截然不同，於是孩子在學校裡便被笑了，說他講話太娘娘腔。由此可知，即使是在舊市區內，上、下還是存在著語言差異。

## 喂，給我一包菸！

要了解京都話這項語言，必須注意它是建立在公民平等的無階級意識上，少了這項意識，京都話就不能成立。京都這個城市在根底上存在著無論任何人都是一個自由個體的意識。雖然社會上的確存在著貧富差異、雖然這個城市也絕對有一個古都所特有的各種身分關係，但一旦踏出了社會，人人平等，絕不可能在語法上顯現出上下階級。

我以前任職於京都大學的時候，學校裡有來各地的同仁，有時聽到別人的講話方式總會讓我嚇一跳。

譬如有位知名的民主主義學者去買菸的時候，居然說：「喂，給我一包菸！」我們京都人絕不會這樣講話。我們會說「不好意思，請給我一包菸。」大剌剌地說「喂，給我一包菸！」完全背離了我們京都市民的原則，就京都人的感覺來說，那態度是難以置信的傲慢。

這種市民平等意識自古就存在於京都人的意識裡。不管是跟誰講話都要保持禮貌，就算是店家與店家之間的往來，也不可以對其他店的學徒太失禮，否則等於是侮辱了這位學徒的老闆。我相信現在京都人還保有這個意識。

京都人非常討厭別人說話太粗鄙，尤其是別人如果在言語之間顯現出輕視我們的態度，我們會覺得憑什麼。這種時候直接詰問對方都沒關係。

這種感覺比起身分意識，毋寧說是京都人對於平等的市民意識已經深深扎根在了這個古都的根底裡。

先前社會上有個從身旁推廣和善的運動，希望大家能隨時對別人說句「謝囉／arigatou／ありがとう」。可是這句「謝囉」並不是身分對等的人之間講的話，這是身分比較高的人對比較低的人說的。所以如果有人對你這麼說，你可以認為對方看輕自己。如果雙方關係對等應該使用ます形，說：「謝謝你／arigatougozaimasu／ありがとうございます」。這一點，基於公民平等原則，京都話全部說成：「おおきに／ookini」。

## 用京都話演講

我以前曾經試過整場演講都用京都話來講（註1），結果大失敗。京都話還是不適合演說，這是一種市民語言，而做為市民間平等交際時使用的媒介它發展得相當完善。京都話含有層次豐富的意象，可以讓人在不傷及對方的顏面下將自己想說的話全都說清楚，可是它卻不是一種適合用來在大眾面前演說的語言。

請想像一下新聞記者用京都話播報新聞吧，好像有哪裡怪怪的，例如「出了件大事兒了」「真有趣喏」不過京都話用來討論學問或理論倒是絕對沒問題。京都的大學裡雖然不是每個人都講京都話，可是的確有很多京都人都在學校裡工作。這些人基本上都以京都話來闡述高度理論、學問與知識。

我有一次跟得了諾貝爾獎的科學家湯川秀樹教授對談，主題是「科學之於人之意含」。那次對談的記錄後來由中公新書系列集結成書（註2）。由於湯川教授跟我都是京都人，所以我們整場都講京都話。雖然我們討論的科學基礎論這個主題不算簡單，可是我們以京都話交流卻毫無窒礙。後來考量到有些讀者可能不熟悉京都話，所以集結成書時改成了普通話版本，不過原本是以京都話交流的。我想這件事值得一提，留個記錄。

（註1）詳見本書下一篇文章〈來辦個京都話研討會吧〉。

（註2）湯川秀樹、梅棹忠夫合著《科學之於人之意含》（中公新書），一九七六年五月，中央公論社出版。

## 教授優美的京都話

京都話之所以為京都話，最重要的特質就在於它的腔調。先不管用字遣詞或文法正不正確，一旦腔調錯了就什麼都錯了。有些人模仿得很刻意，好像在講中文一樣聽都聽不懂。感覺像把中文的四聲夾帶進了京都話裡似的。

我想其他地區的人聽到外地演員說他們的本地話時，應該也有種很奇特的感受吧。我知道東北跟九州地區的語言彈性比較大，但京都話的容錯率低，結構已經發展得非常嚴謹。稍微一失真就給人怪腔怪調的印象，感覺好像看到一個戴著京都人面具的鄉下人在講話。

近年來祇園也收了很多九州或其他地方出身的舞妓，這些女孩子都要經過非常嚴格的京都話訓練。不能說得一口完美的京都話之前，絕不被允許出現在客人的宴席場上。

不過目前就算我們一口漂亮的京都話，也沒地方可學，因為目前還沒有任何教授正確京都話的學校。我個人很樂見這種學校成立。最近一打開報紙或電話簿時常可以看到各種才藝教室的廣告，英文會話、法文、尺八、電子琴、爵士舞、有氧舞蹈等等，應有盡有，我覺得這是一個好現象，可惜就是沒有教人怎麼講優雅京都話的教室。

很多電視劇跟電影都以京都為背景，這時候出現在劇中的演員，我們當然希望他們能事前接受京都話訓練以便說得道地一點。我想導演應該要有一種清楚的認知——京都話是結構相當嚴謹的語言。

不扯那麼遠，至少在我們身旁，我們希望穿著振袖和服的年輕女孩子可以說得一口高雅的京都話而不是普通話，那將會令人非常欣喜。

現在有間教人怎麼穿和服的某某學院稱霸了全日本業界，它們成功的關鍵應該在於它們打出了「京都」這項招牌吧。既有此例，沒道理年輕女孩子會不想學習京都話這項雅緻的語言，這可以充實教養，搞不好還會蔚為流行呢。

## 京都話

前面我也提到過，京都市內同時存在著非常多樣的京都話，男女用詞遣字上稍微有點差別，不同的職業與階級也會有影響。那麼，究竟什麼才是正統的京都話呢？外地人通常以為祇園的人講的話就是正統的京都話，但真的是這樣嗎？我相信祇園話是一種相當成熟的語言體系，但並不能因此說它就是正統的京都話。我是在西陣長大的，西陣跟中京的市井語言應該也算是一種典型的京都話吧？

語言是一種會隨著時代變化的東西，這個現象適用於全部的日本話，所以去追究哪種語法才是最純粹的，毫無意義。目前全日本各地的語言在廣播及電視的影響下，已經大幅度地受到了普通話的影響。當然腔調之類的基本特徵還匯流著，可是我先前也提到過的其他各種存在於語言中的微妙說法及特徵，卻會漸漸被沖刷淘汰。

舉一個京都話被時代影響的例子來說好了，「做什麼／shioshi／しおし」這個說法現在常常被誤認為是典型的京都話，其實這個字眼在我小時候是沒有的。這應該是來自於京都近郊的鄉村語言，後來侵入了市內，現在則完全被當成了京都話在年輕女性中廣泛使用。譬如「去學校／gakkou-he-ikioshi／　校いきおし」（gakkou-he-ikinasai／　校へおいきなさい）、「穿這件衣服／konofuku-kioshi この服きおし」（konofuku-wo-kinasai／この服をきなさい）等等。否定句則說成「別去學校／gakkou-ikannto-kioshi／学校いかんときおし」（gakkou-he-ikanaide-okinasai／学校へいかないでおきなさい）、「別穿／kinnto-kioshi／きんときおし」（kinaide-okinasai／きないでおきなさい）。這一類改變漸漸在發生。

本章一開頭時我也說過假使有一天京都獨立成了一個國家，到時我們就得制定出標準的京都話來做為公用的溝通語言，不管它正統不正統。

而目前所存在的這麼多京都話裡，彼此間都有很多共通性，到時我們只能從寬認定，統統都認可為京都話。

京都話時常被人說成京都「腔」，這種說法聽在京都人耳裡著實刺耳。有些京都人也跟著這麼說，真希望他們能改掉這習慣。最可惡的當數把京都話說成京都「土話」的人，到底是什麼意思嘛！京都話究竟是哪裡土了？胡說八道！京都話是日文裡非常悠久而正統的語言，這件事在國文歷史裡早有文獻證明了不是嘛。

大家可以說大阪人說的是大阪腔、東京人說的是東京腔，唯有京都人說的是京都話而不是京都腔。跟京都話相比之下，大阪腔跟東京腔都屬於鄉土語言。京都人的認知裡，只存在著京都話跟鄉土語言這種對比模式。在此謹顧及其他地區民眾的感受，以較為中立的「京都語言」這項稱呼來代替「京都話」好了，以免挑起不快。但我真心想使用的還是「京都話」這個說法。

# 來辦個京都話研討會吧

**解說**

一九五四年秋天，同志社女子大學的國語研究社團請我去演講，主題為《日文的今後展望》。演講日期為十月十三日，會場在同所大學的某間教室。

那時候我進行了一項嘗試，打算用京都話來演講，所以先擬了一份草稿。當時的草稿還在手邊，所以此次順道收入書中。

那一次演講的結果老實說非常失敗，原因之一出在我對於聽眾成員的誤解。的確都是同志社女子大學的學生，可是泰半是外地人，不習慣聽京都話。京都的大學裡向來是外地學生比本地學生多。

結果那一次我整場都講京都話，我想很多學生恐怕都不是很了解我的意思，因為會場的氣氛也不是太熱烈。另一個失敗的原因則在於京都話雖然是發展得很成熟的市民日常交流媒介，可是用來演講卻嫌不夠洗煉。雖然不致於無法使用，但也因為它的日常會話性太強而顯得拖泥帶水。

那場演講倒是引起了幾位同學對於京都話的興趣，這些人日後結伴來我家就京都話進行了一些交流。

## 誰也不教的國語學

今兒個演講的主題是《日文的今後展望》，但我對於國語學或語言學完完全全是個門外漢，要我對日文的將來講點什麼可真是難倒我了。我的專攻是文化人類學，研究全世界裡的各種文化。而在研究文化的過程中也免不了開始對語言興起各種想法。當我在研究我們自己的日本文化時，很多現象與細節都反過來讓我省思我們日常中是怎麼使用語言的，也就是如何使用日文。各位跟我都是日本人，生活上都使用日文，日文是屬於我們的，不是獨屬於國語學者或是日文學家的。身為一個有良知的國民，各位跟我都應該好好思考關於日文這項語言，並勇於發言。這是我的想法。

各位在學校應該都有上過國文課吧？學校裡應該有「國文」這堂課？各位在這堂課上都學了些什麼呢？應該是古典文學吧。雖然名稱是國語課，可是上的其實是國文。嚴格講起，全日本也沒幾個人能真正教好國語。這是專精國語的國語學者告訴我的，所以不會錯。

現在的時世，好像大家都覺得國文學比國語學顯得高尚、英文學聽起來也比英語學高級，就是在這種想法下，很多人根本看不懂英文卻對於英文文學世界瞭如指掌；不會說法文，卻讚嘆法國文學實在了不起。說什麼專攻外國文學，其實知識全來自於岩波文庫的紅帶書腰系列。就是這樣的風氣才產生了這樣的學子，也連帶出現了一些日文說得亂七八糟卻妄稱是日本文學名家的傢伙。

有些人可能覺得我們都是日本人，怎麼可能說不好日文呢？那麼我來問問各位了，妳們對新假名有自信嗎？舊假名也沒關係。妳們有信心寫得正確嗎？無論新假名或舊假名，有沒有人可以用其中一種寫出正確無誤的日文呢？如果沒辦法，豈不是太丟臉了？好像身為英國人卻把英文拼得七零八落一樣。

其實在生活裡，好像沒辦法寫出完全正確的日文也不會有什麼影響，現代小說家也少有人能以正確的舊假名或新假名寫出正確無誤的文章。這一關哪我看就連大學老師也過不了，我想從大學教授以下的教職可能都要好好上一遍國語。找遍全世界也不到這麼離譜的國家了，最高學府的老師跟學生全都無法完美地應用自己的語言，這實在也太荒誕。

## 教「說話」的老師

不會寫字還好，要是不會說話那可就糟了。問題是，大家講的日本話還真的都不正確，可是總不能因為這樣就關上了嘴巴吧。哎呀，真的，現在日本人真的都不太講話了，大家覺得寡言最好，於是不說不想，不去思考自己使用的國語妥不妥當。

國語課的時間，學校也不教國語，那麼我們每天說的、用的日文到底該上哪兒學呢？哎唷，國語那種東西不用學也會呀，你在說什麼呀！各位要是這麼想的話可就糟了。我們每天使用的國語訛誤一堆，不正確、不講究、不完全，究竟該去哪裡學呢？先不管寫字正不正確，說話呢？說話方式也沒人教我們，整個無政府狀態。該去哪兒學，我也不知道。

我聽說法國人對於語言很重視，國民都很注重他們自己的口語教育，小學一年級起就有所謂的朗誦發音課，教的呢，正是怎麼講話。

在法國由誰來教「講話」呢？聽說是一些戲劇演員，他們在戲劇學校裡扎扎實實地學會了怎麼說法國話後如果放棄走戲劇這條路或是不演了，就去當口語老師。他們不是在學校裡教唷，是在市井裡開間類似才藝教室的地方，教人家「怎麼說話」。至於誰會去上課呢？泰半都是一些年輕女孩子。善於使用法文在法國被視為是新娘才藝。各位不也學了茶道、花道、琴藝跟舞蹈嗎？類似的事。只是在法國女孩子學的是法語罷了。我看我們日本人也應該把學習日文當成婚前要具備的教養，無論男女都要學學怎麼雅正地使用日文，這樣不知道該有多好。

這些事呀，在以前都不用這麼刻意，家人一定會好好照管。父母親時不時就囉嗦一下小孩子的講話方式，把孩子的語言教育給做好。尤其聽說京都人在這方面特別在乎，我小時候也被叮得滿頭包呢。

## 一分耕耘、一分收穫

換個話題吧，全世界最優美的三種語言，大家覺得是哪些？第一個是法國圖爾（Tours）的法文，另一個是北京話，最後一種則是京都人的日文。剛剛我跟各位提到，法國人能說得一口高雅的法文是他們嚴格訓練的成果，而京都話呢？我想也是訓練的成果。京都話從發音到什麼時候該說什麼話、從招呼到應對、怎麼說話都有規矩，尤其是中京跟西陣一帶更是講究了，外地來的人一踏進這裡立刻完蛋，一開口馬上漏了餡嘛。

京都話的發音老實說並不簡單，外地人想模仿的話，不咬牙好好練習練習是說不來的，人家說呀，要當個純正的京都人得要花上三代光陰吶。

可是這從長遠傳統中培育出來的京都話，這幾年卻漸漸垮了，原因我想有很多，最該負責任的是母親。現在的母親對於自己的教育方式沒有自信，認為自己的想法、作法都是錯的、跟不上時代，於是在語言上也不敢教育孩子了，在這種情況下，小孩變得寧可相信學校也不願意相信自己的家庭。那麼學校又真的教了小孩子語言嗎？也沒有，學校什麼事也不做。結果孩子像被放逐到了荒野中沒人管教，這樣下去怎麼行呢？我們應該更重視自己的語言文化才行。

我說法國人會去跟演員學習怎麼說話，而這些演員也都是有來頭的，都是些在國立劇場表演古典戲劇的人唷。相當於我們日本的歌舞伎演員吧，但日本的歌舞伎演員說的是古典日文，那可是兩百多年前的語言了，現今沒人這麼說了。說了反而滑稽。雖然我們沒辦法效法歌舞伎的語言，但以京都為舞台的電影很多，我們有機會聽到說得不錯的京都話。我最近看的電影裡，《說謊的女人》這部戲還不錯，演母親的田中絹代小姐演技精湛，說得一口流利的京都話。演女兒的久我美子小姐就差了一點，訓練還不夠。

（註）《說謊的女人》溝口健二導演，依田義賢、成澤昌茂編劇，宮川一夫攝影，田中絹代主演。大映京都，一九五四年六月上映。

## 雅正京都話研討會

我現在有個想法。如今家庭裡也不教小孩子說話方式，學校也不教京都話，再這麼下去，被讚譽為全球三大典雅語言的京都話就要荒廢了。因此我認為應該要辦個京都話學校，或至少辦些研討會來訓練大家怎麼說京都話。當然要辦學也不是三兩下就能實現的事，不過在那之前，我們可以先來研究一下哪些是京都話的規準、哪些可以被列為優美的京都話。於是我想囉，各位的學校正可以從事這件事，不是嗎？大學裡頭不是有各種社團活動？妳們可以成立一個「京都話研討會」來探究與切磋。

今天在座的各位應該都是京都市內或從京都附近通學的學生吧。身在京都，身為京都的年輕女性若不能說得一口漂亮的京都話，豈不叫人貽笑大方嗎？把那些聽起來像殖民地語言的莫名其妙的語彙給說得再流利也沒用吧，各位應該更看重妳們自己的京都話，由妳們這些知識女性來率先成為表率。

各位在日常生活裡說的應該都是京都話，不過妳們可知道，現在從大家嘴巴裡流洩出來的京都話也有不少問題唷。

比方說，京都話裡相當於標準話叫人家去做什麼事的「～せよ／～seyo」我們說「～おし／～oshi」，說得客氣一點是「～おしやす／～oshiyasu」。否定式「せんとおき／sennto-oki」，客氣一點為「せんとおきやす／sennto-okiyasu」。不過最近流行把這種說法改為「しおし／shioshi」「きおし／kioshi／穿～」「かきおし／kakioshi／寫～」，否定句就變成了「せんときおし／sento-kioshi／別做」「きんときおし／kinto-kioshi／別穿」「かかんときおし／kakanto-kioshi／別寫」。這些說法算是比較新，是否可以列為標準的京都話，我想我們也應該好好來探討一下。

另外還有一種句型最近也滿常在京都聽到，是否定式「ない／nai」。例如「妳腳邊是不是掉了個一百圓哪？／annta-no-ashimoto-ni-hyakuenn-ochite-naika／あんたの足もとに一〇〇円、おちてないか」在這句話裡，京都話的「へん／hen」被改成了標準話的「ない」。

現今所謂標準話裡的「說、不說、正在說、目前沒說／iu、iwanai、itteiru、itteinai／いう、いわない、いっている、いっていない」在我們京都話裡是說「yu-u、yuwahen、yu-uteru、yu-utehen／ゆう、ゆわへん、ゆうてる、ゆうてへん」。但最近京都話流行把否定式的「へん」置換成「ない」，於是成了「yu-u、yu-utenai、yu-uteru、yu-utenai／ゆう、ゆうてない、ゆうてる、ゆうてない」。我想現今的年輕人好像不太喜歡說「へん」這個字是不是？可是把「へん」置換成「ない」會發生什麼語法問題呢？在所謂的標準話裡，相對於「ある」的否定形為「ない」，而京都話原本相對於「ある」的否定形則為「あらへん」，但現在不流行說「へん」了，那麼在動詞後使用「ある」時會變成什麼情況？標準話裡說「寫、不寫、正在寫、目前沒寫／kaku、kakanai、kaitearu kaitenai／かく、かかない、かいてある、かいてない」在京都話裡原本是「kaku、kakahen、kaita-aru、kaitarahen／かく、かかへん、かいたある、かいたらへん」，可是我們把它套用到現在的新語法後變成了「かく、かかない、かいてある、かいてない」。

結果變得跟標準話一樣了。原本明明各走各的橋，現在全部打混在一起。把京都話變得不三不四就是會出現這些問題。這也是我希望各位能好好正視、探討的原因之一。

## 制定普通話之前

如果事情變成那樣，第一個問題就在於會跟標準話產生衝突。各位在座的同學或許覺得標準話才是優美而地道的日文，京都話是方言，不是正確的日文，如果有這種想法那可是大錯特錯。

目前社會上對標準話有很嚴重的誤解，第一，從來沒有制定過什麼標準話。很多人誤以為戰前政府慌慌忙忙以東京腔為基礎制定的語言就是標準話，但那個版本根本從沒好好檢討過。

當然日本做為一個現代化國家，我們需要有所謂的標準語言，可是我們還沒去制定。最近文部省的國語審議會總算成立了一個標準話部門，目前正在討論該把什麼當成標準話。他們把全日本現今通用的語彙蒐集起來，以此為基礎來制定標準話。這種作法比戰前那種從天而降的制定方式好多了，但要完成恐怕還要花上好幾年的時間。這種事不慎重進行將會產生很嚴重的問題。那麼在政府制定出標準話之前，我想我們先把現在所謂的標準話稱為普通話吧。

標準話還有很漫長的一段時間才能完成，我建議各位同學對於所謂的標準話應該要抱持著警醒的態度。各位同學是不是覺得只要聽起來像東京腔的就是標準話呢，對吧？

但那種標準話根本就沒有任何規則，也沒有任何學校在教。每個人只是自己隨意判斷，結果把日文講得亂七八糟。那不是從深深扎根在一塊土地上孕生出來的文化中逐漸形成的語言。

當然京都話目前也還沒有任何確切的文法書籍，也沒有教授京都話的口語學校。因此各位更應該去成立一個同志社女子大學京都話研討會，鳴響第一槍，投入京都話的研究切磋。

總而言之，我們必須靠自己來保護自己的文化。將來有一天日本制定出共通語言、有了所謂的標準話的時候，我相信京都話跟所有關西地區的語言一定會在標準話中舉足輕重。當然，我們也不能讓根本就不存在的標準話影響了自己美好的語言，這絕不是一件好事，也絕不應該發生。

天南地北地跟各位胡扯了一通，希望能藉此機會，讓各位有興趣去探討存在於我們生活裡真正活著的語言。今天的演講謹在此結束，謝謝各位。

# Conservatoire Kyoto

**解說**

有一本名為《Kyoto》的雜誌，以現在的說法來說相當於情報誌吧。這是我為他們寫的文章（註）。

（註） 梅棹忠夫著〈Conservatoire Kyoto〉《Kyoto》第三期，第四五～五七頁。一九五六年五月《Kyoto》同人誌。

我聽唱香頌的高英男先生說，在巴黎人家如果跟你打聽日本，十有八九都是要跟你打聽京都。根本沒人對文化亂得跟個租界似的東京有興趣。對巴黎人來說，京都似乎是一個代表著異質文化的競爭者，其實我們京都人對巴黎也有類似的情緒。

有人說世界上最美的城市是巴黎，再來才是京都，但問題是全世界裡號稱僅次於巴黎的都市到處都是，被人這麼說實在沒什麼好開心的，毋寧該覺得屈辱，畢竟我們是亞洲文化之首。近年來的京都的確沈淪，豎立起了粗俗的廣告塔之類的東西，把格調全毀光光。沒想到京都也有被人這麼說的一天哪，真是落魄。話說回來——這也是我聽高先生說的——巴黎連美的邊兒都沾不上。

我們先在市容這一項上讓給巴黎好了。至於語言之美呢，情況如何呢？我曾經聽人說這世上有三種最美的語言。一種是法國圖爾地區的法文，另一種是北京的中文，還有一種就是京都的日文。巴黎在這一項上可以說是完全不合格。巴黎人的法文就好像是我們漱口時清喉嚨的那種聲音，挺嚇人的。

我並不是很得意地在把京都與巴黎相提並論，只是這篇文章的標題剛好非常法式風格，於是話題就自然轉到這兒來了。標題中的 Conservatoire 是巴黎這個從世界最優美的語言排行榜被踢出去的城市，為了提昇民眾的法文能力而成立的一種類似學校的機構。它是位於巴黎的國立音樂與戲劇學院。

我聽法國文學專家內藤濯先生說，Conservatoire 裡設立了戲劇科與音樂科，從戲劇科畢業的人可以去國立劇場演戲或成為「教人家怎麼說話」的老師。巴黎小學裡有所謂「說話課」的時間，社會上也有提供「口語學習」的教育機關。年輕女孩子在出嫁前會去學習優美的法文，就像學習花道與茶藝一樣。所以去這些教育機構上課的人並不是外國人，而是他們本地的女孩子。Conservatoire 這個機構就負責培養出教導法國人如何說優美法文的老師。由此可見，法國人非常講究說話的藝術。

相較之下，世界一流的京都話情況又是如何呢？曾經，我們的語言非常優美，但如今已然墮落到讓人不放心的地步了。京都哪裡也找不到教人怎麼說話的地方，學校裡，老師教的只是生硬無趣的媒體上所使用的語言罷了。那種語言再怎麼客氣也無法稱之為優雅的語言。

就因為京都的學校不教京都話，我們的語言才會沒落。以前語言是在家裡磨出來的，上一個世代的人就是下一個世代的老師。其他地方的情況我不清楚，但京都家庭非常重視說話藝術，從發音、腔調到交談的機巧都要教給孩子。京都的母親對於典雅與洗煉的說話藝術非常在乎，也都保持了自覺。

但現在的母親卻疏忽了。均質教育滲透進家庭之後，某種美其名為「標準語」的粗糙且不知所以然的語言蔓延到了社會各處，母親一出門，聽見外頭人講的話都跟自己不一樣，還以為自己已經過時了，只好把孩子的語言教育委託給外界。然而這種情況將把全球最美的京都話，帶往何處呢？

我認為為了讓京都話重現生機，必須現在趕緊想想辦法。這麼說或許誇張了一點，但我認為這是現代京都人對於人類文化所應擔負的責任。我想我們可以參考巴黎的作法，也成立類似 Conservatoire 的機構，各位覺得這個法子怎麼樣呢？既然家庭已經失去了語言教育的機能，我們只好把希望寄託於外界。

「Conservatoire Kyoto」並不是要毫無頭緒地把所有古舊的京都話都給復原與保存起

來，而是要把現在與未來的京都話給連結起來。首先，我們應該先調查現有的京都話，整理成一套更適合於現代文明生活的標準版本來告訴民眾。這套京都話肯定會影響到市民的日常語言生活，同時也會被影響。就在相互影響間精淬為一套傳統中又帶有現代性格的語言。當然，我們一定要培養出能說得一口典雅京都話的人才，當他們畢業了之後，可以去學校教書或是在城市裡掛起「傳授說話藝術」的招牌。總有一天我們的街頭上、巴士裡、咖啡店中，所到之處全都沐浴在全世界最美的語言裡。這樣子豈不美妙？

若有人覺得這職業恐怕餬不了口，那可就錯了，其實目前京都話已經有了不小的市場唷。您看電影跟廣播裡那麼多以京都為背景的戲劇節目，多少演員的京都話怪腔怪調，一點也不害臊。這我們可要叫他們好好檢討一下了。說到頭，既然社會上已經有了這麼實際的需求，早應該要有研究與學習京都話的機構，爾後這些機構再發展成為相當於市民 Conservatoire 之處，這才是理所當然的順序。巴黎的 Conservatoire 也是同時進行演員培訓與說話藝術指導。

## 後記

社會上以京都為題材的電視、廣播節目不少，以前節目裡的京都話總是說得七零八落，現在不知是否開始重視演員這方面的訓練，聽來舒服多了，不過仍有些演員的口音令人不敢恭維。一九八六年十月起播放的 NHK 晨間連續劇《京都之風》（重森孝子作），演員的京都話算是說得合格了，看得出來事先接受過嚴格的指導與訓練。我查了演員的出身地，結果不是京都人，但是關西圈出身。前幾天《朝日新聞》的讀者投書欄〈聲〉刊登了某位住在豊中市的五十九歲主婦投書，謹此引用。

最近 NHK 晨間連續劇《京都之風》裡的演員全都說得一口流利的關西腔，讓人聽了很開心，也能安心地收看節目。特別是飾演老闆的演員，每次看他在關西連續劇裡總是說得一口漂亮的關西腔，讓整齣戲感覺更加自然。我相信學關西腔的演員一定也很辛苦，但還是請學會說一口正確的口音吧。以後也希望能繼續欣賞說著正確關西話的節目（註）（後略）。

我想有同感的人一定不少。《京都之風》裡，負責指導京都話的是朝永桐世女士。聽說她先將台詞錄成錄音帶，讓演員一遍遍聽著正確的京都話，邊聽邊練。朝永女士是京都劇團「胡桃座（くるみ座）」的成員，「胡桃座」是個是由毛利菊枝女士領導的劇團，戰後以京都為中心活躍。京都雖未成立文化學院 Conservatoire，但語言的教育依舊在劇團成員的進行下展開。

（註）寺本精子著〈傳遞美好的關西腔〉《朝日新聞》一九八六年十月二十三日。

# V

# 速寫京都

# 電影節與羅城門

**解說**

NHK京都放送局的本地節目裡有個叫做《週五時論》的廣播節目，我主持過好幾次。刊載在這裡的便是其中一場。手邊已經沒留下當時播放的時間，由於是在一九五七年（昭和三十二年）之前播放的，也記不清了。原稿還留在手邊，因此收錄書中。

亞太影展前一陣子在東京開幕，吸引了來自亞洲各國的影劇人士齊聚一堂。當年舉辦第一屆亞太影展只吸引了五十個人，今年聽說有一百五十人來參加。菲律賓、香港與印尼等地的女星也特地前來。

影展又叫做電影祭，不過不是供奉電影的神明之類的祭典，而是各國的電影界人士把自己有自信的電影帶出國參展，同時也在當地上映。評審委員再從中挑選出幾部最傑出的影片頒獎。換句話說，影展有點類似於國際的電影品評會。同時電影界的人士也趁機把片子推銷到國外，賣給國外片商，因此影展又有點像是電影的國際貿易展。

歐洲現今有三個知名影展，分別是義大利的威尼斯影展、法國的坎城影展與德國的柏林影展。在這幾個影展中拿下獎項的話立刻會揚名國際。大家都知道日本曾在一九五一年以《羅生門》一片掄下了威尼斯影展金獅獎，一躍成為國際大片。之後也有好幾部日本影片得獎，為今天的日本電影建立起相當高的國際聲望。

就在本屆亞太影展開幕之前，我剛剛提到的歐洲三大電影節之一的坎城影展也才剛舉行，日本參展的作品《白色山脈》拿下了最佳長篇紀錄片大獎。

而在坎城影展以日本代表團團長身分出席的東映所長山崎真一郎，回國後曾在談話間提到，或許可以在京都辦個影展也不錯。我在報紙上看到了這個消息覺得很有意思。

其實我聽說京都市長也有同樣想法，我還記得，東和映畫的川喜多長政先生也在去年在出發前往坎城影展前，提出了希望能在京都辦個世界級影展的期望。

目前正如我一開頭所提到的，日本國內就只有東京有個亞太影展而已，如果我們能在京都辦個定期的國際性影展未曾不是件好事。此事值得市民們一同來好好考量。

☆

先前提到，所謂影展相當於某種電影的品評大會，或是電影的貿易展，而影展這個想法一開始——無論在任何一個都市——無非想吸引遊客從世界各地前來，例如威尼斯影展、坎城影展，你去查一下它們的活動資金來自何處就會發現一是來自於政府，二是來自電影相關業者，三則絕對來自於當地的觀光業界。雖然舉辦一場國際影展得耗費龐大資金，但這些成本卻絕對能從被影展吸引而來的觀光客身上回本。

京都無疑是全日本最受歡迎的觀光勝地，當然我個人並不贊同把京都發展為觀光都市的政策，不過眼前，的確是有無數旅人從世界各地前來，這是必須接受的現實。京都之名遠揚全球，外國人來日本時也總想先來京都走走看看。像前一陣子來訪的蘇聯大使伊利亞．愛倫堡先生似乎就非常中意京都。

我想如果在京都舉辦電影節肯定能造成轟動，加上京都又是日本電影的發祥地，有一陣子甚至還被稱為是「日本的好萊塢」。這個城市有那麼蓬勃發展的電影產業，跟電影的緣份不淺，如果能在這裡舉辦電影節實在是很自然不過的現象。

☆

京都每年都要迎接一波又一波的觀光客。在日本國內，最受國中、高中歡迎的畢業旅行地點也是京都。京都就像是日本文化的精華地，也是全日本人心中永遠的故鄉。

在日本國內，即使從沒來過京都的人也對京都有些印象，因為報章雜誌上不斷刊登京都的消息與照片，京都在不知不覺間似乎已經被形塑出了某種形象。自從京都市宣布要成為文化觀光都市後，大做觀光宣傳，在觀光上已經打出了相當程度的名號，所以我想至少針對日本國內這部份已經無需再耗費太多心思。

但在海外的情況就不同了，京都雖是聞名國際的都市，可是外國人對於京都的實際情況不見得真的了解。我想我們必須針對海外再傾力宣傳，否則無法傳達出京都的真正魅力。在種種觀光宣傳手法上，電影無疑是最有效的一種。京都市應該針對海外製作觀光宣傳電影，並努力推銷出去。剛剛我也提到了可以舉辦京都國際影展，而在舉辦影展之前，或許我們要先想想拍片的問題。

☆

觀光電影絕不能太露骨地去行銷，那樣子根本無法引人入勝。有一陣子出現了很多所謂的觀光短片，拍了些海岸呀、峽谷、藝妓跳舞什麼的，說真的還真的很無聊。我相信目前一定還有這種影片。

觀光電影裡拍得最好的，我想是前幾年由奧黛莉．赫本主演的《羅馬假期》。這部片子並沒有露骨地去宣傳羅馬的景點，可是卻精準地傳達出了羅馬的魅力，手法相當精湛。

如果日本也要拍部類似的影片，那麼舞台絕對就是京都了。論規模、論魅力，要與羅馬匹敵的只有京都。我們何不來拍部類似的影片呢?京都這地方原就有片場，要拍片沒有問題。只是片名可能不能抄襲人家取什麼《京都假期》，我們來想個響亮一點的名字吧，再請出京町子這種等級的演員來演，肯定能在國際上造成轟動，各位以為如何?

☆

羅馬跟京都都是非常古老的都市，也都是還在現代生生不息的都市。可是在拍片環境上，羅馬跟京都卻大不相同。羅馬是個十足十的古代都市，兩千年的歷史、宏偉的古羅馬帝國遺跡在城市中隨處可見。相比之下，京都老歸老，但歷史也只有一千年而已，只有人家羅馬的一半。再加上應仁、文明之亂時，戰火燒毀了泰半市街，現存建築物幾乎戰亂平息後才重建的。

這些建築物大多完成於桃山時代之後，多為木造，外表低調內斂，一點也沒有羅馬的廢墟那種壯麗的氣魄，少了點看頭。

在京都的名勝景點裡，稍微搶眼一點的——俗氣歸俗氣——我們還是不得不承認正是平安神宮跟金閣寺平安神宮的青瓦朱柱搭配上宏偉的鳥居，為它引來了相當多的人潮。金碧輝煌的金閣寺也頗受歡迎，只要在京都的景點繞一繞就會發現這兩個地方的人潮特別多。

☆

有趣的是平安神宮跟金閣寺都不是古代建築物，它們全是現代人重建的。平安神宮是為了慶祝奠都平安京一千一百週年而於一八九五年（明治二十八年）時仿造古時候的大內裡大極殿跟應天門興建，規模還只有當初的一半而已。至於金閣寺，如眾所週知的，在戰後被人放火燒毀，今日所見是一九五五年（昭和三十年）時重建之物。換句話說，平安神宮跟金閣寺都是仿造舊有的建築物重建的作品，講難聽一點，根本就是拷貝品。

人潮最多的兩個京都景點居然都是現代重建的作品，這件事實恐怕給予了我們一點暗示，亦即，所謂的觀光資源，即使是在京都這樣到處都是真跡的地方也敵不過假貨——這麼說太難聽的話，就說是「現代重建的作品」吧——的存在。觀光或許就是這麼一回事。

既然我們想要把京都打造為一個觀光都市，除了在保存現有的古文化財、不使它們荒毀的同時，我認為我們也應該想辦法把已經失蕪的古物給重現。只要具有觀光價值的東西就要努力復甦它、重現它。一個號稱是國際性文化觀光都市的地方如果只有平安神宮跟金閣寺兩個搶眼的景點，手裡的牌也未免太難看了。

☆

那要復甦跟重建的標的物應當是什麼呢？我想第一個毫無疑義就是羅城門（ra-jou-mon）。讓我們重建羅城門吧！

羅城門在芥川龍之介的小說與電影中被稱為「羅生門（ra-shou-mon）」，所以一般人也對這個名稱比較熟悉，我想我們就沿用這個稱呼也無所謂。對外國朋友來說，這也是比較俗知的發音。讓我們想想，一個對京都懷抱無限憧憬的外國人來到了這兒後興沖沖地問：「請問羅生門怎麼走？」結果我們回答：「哦噢，你說的是羅城門嗎？那個一千年前就沒了。」不是挺掃興的嗎？我想國內觀光客一來到了京都，發現連個泡幻都沒有，也會挺失望的。

如果真的要重建羅城門，應該要蓋在哪裡呢？我想地點並沒有那麼重要，不見得一定要蓋在原有舊址上。平安神宮還不是離原有大極殿的舊址、現今千本丸太町一帶很遠嗎？舊有的羅城門位於東寺的西邊，現在只留了根石柱，什麼都沒有。那一帶交通不便，我想我們乾脆往南走，看是要蓋在國道一號線附近也好、京都車站以北的烏丸通也行。

重建的話規模就要大，乾脆蓋成原來的三到五倍大，讓車流在羅城門下穿梭來往。

顏色也力圖鮮豔，重現王朝時代的綺羅燦爛。

到時候，遊客一下了京都車站，眼前只見一個朱漆青瓦、堂皇壯闊的羅城門昂然地展耀著平安京的綺羅富麗。這幅景象絕對能轟動國內外，各位覺得怎麼樣？

如果真的要在京都舉辦電影節，在那之前，我建議我們必得重建羅城門。這是我的看法。

當然重建羅城門一定要花很多錢，相關資金應該怎麼籌措呢？我有個點子。現在日本電影之所以能夠虜獲國外的影展大獎，在國際上大放光彩，絕不能忽略了一開始羅城門做出的貢獻。因此重建時，當然要由電影業者去奔走活動，按照道理來講本來就是這樣嘛，對不對？

## 後記

後來有批人真的認真檢討重建羅城門的可能性，這些人是大林組的專案團隊。他們蒐集了古文獻及平安京的挖掘成果資料，並參考現存古建築後，製作了把羅城門恢復成創建當時模樣的設計圖。成果發表於大林組公關誌《季刊大林》第二期特輯〈門〉中（註）。

接著他們繼續檢討重建資材，如果全部使用檜木，由於日本國內的檜木不易入手，必須從台灣進口。此外也檢討了綠釉瓦、牆壁、脊飾等細部材料應該怎麼製作。

最後經費問題上，如果全部採用木造需要二十二億圓的總工程費，其中有六成花在木料的調度上。若採用混凝土來重建的話，則可壓低到八億圓。

不過這個案子只是建築家的紙上設計而已，前提建立在假設要重建羅城門的話將會如何進行。並沒有人真的委託施工，因此目前羅城門仍未重現。

（註）　大林組專案設計著〈羅城門——重現平安京羅城門之嘗試〉《季刊大林》第二期，第三～十四頁，一九七八年十月，株式會社大林組公關室。

# 評——菊池寬之《無名作家日記》

**解說**

**NHK**京都放送局從一九五六年（昭和三一年）四月起，推出了名為《文學京都》的節目。節目中從近代日本文學裡挑出與京都有關的作品，由桑原武夫、貝塚茂樹等多名京都文化人各自挑選幾篇文章來自由介紹。這個節目的主旨並不是要從專業角度來剖析，而是想帶領市民貼近與文學的關係。

我也負責了兩回，其中一回介紹的是菊池寬先生的《無名作家日記》，另一回則是高山樗牛的《瀧口入道》。

此節目後來把各集介紹集結成了小型讀本（一七三×一〇五公釐），由創元社出版，當中也收錄了我為菊池寬作品所寫的節目原稿（註）。另一回高山樗牛的部分，我嘲笑他根本就不了解京都的情況，卻在書裡大放厥詞的鄉下人糗態。那份稿子如今已經佚失，故而未收錄進本書。

（註）　梅棹忠夫著〈評——菊池寬之《無名作家日記》〉，**NHK**京都放送局編纂《邀訪文學》第一四一～一四六頁，一九五八年十二月，創元社。

拜讀完菊池寬的作品《無名作家日記》這本小說，我覺得彷彿窺見了日本小說家以及有志於此道的人心底在想什麼，很有意思。

關於本書在日本文壇史上或是文學史上的地位，由於我對於文學不擅長，無從置喙，但這部作品是在什麼樣的情況、什麼樣的時期下寫成的，我想跟這部小說的內容有點關係，在這兒稍微提一下。

這部作品最初於一九一八年（大正七年）刊登於《中央公論》，那似乎也是菊池寬的作品第一次被刊登在這本雜誌上。當時《中央公論》是文壇的重鎮，能夠在這本雜誌上發表作品等於是奠定了一個作家在文壇上的地位。

菊池寬當時正是剛出現在文壇上備受矚目的新進作家，有點類似現在剛拿下芥川賞、震撼文壇的石原慎太郎。照理說，那正是他剛大放光彩的時期，可是這部作品卻充滿了一位長期待在谷底的無名作家焦躁、不安與自卑的心情，是這樣的主題。這當然是作家依據他本人在某段時期的經驗寫就的文章。

剛剛提到了芥川賞，這本《無名作家日記》裡所記載的故事也剛好是芥川龍之介活著的時代，而他那時候也正以新進作家之姿嶄露頭角。這本小說就像書名所示，是以日記體寫成的，主角在書裡以「俺」自稱。身為作家的「俺」一直爬不出頭，惶惶鬱鬱地看著身旁朋友一個個在文壇嶄露鋒芒，於是一開始感到了嫉妒，後來又變成了對於朋友的咒怨氣憤，最後更對自己不順溜的運道以及無能感到挫敗。換言之，這本書寫的是個百無一用的書生心底酸溜溜的情緒。而被這個「俺」嫉妒、咒恨的友人裡，有個人特別出色，那個人寫的似乎就是芥川龍之介。換句話說，這部作品是菊池寬把自己對於龍之介這個朋友的反感寫成了小說，因此發表時掀起了一陣波濤。

我個人對於文壇八卦沒什麼興趣，不過讀了這本小說後，我發現書裡有一些想法很有趣，在此謹提出來跟各位分享。

這本小說把背景設在京都。想成為作家的「俺」從東京的高等學校畢業後，不知道為什麼沒有跟其他有志於文壇之路的朋友一樣進入東京的大學就讀，反而跑來京都的大學唸文科。這正是作者菊池寬本人的寫照。

我有興趣的是，「俺」這個人怎麼看待京都。

首先，他似乎還頗為中意京都。行經大學前，可以看見優美的河水流過，發出清悅的聲音。從山上留下來的白川之水裡，漂著一大堆紅色的果實。這種在東京市井裡無法想像的光景讓「俺」感到很新鮮，馬上就迷上了這個都市。問題是，「俺」是逃來京都的。這個「俺」籠罩在一股巨大的自卑之下，跟東京的山野君及桑田君等才子在一起的時候總是覺得自己一個人遙遙落後，永遠無法擠進文壇，用我們現在的話來說，也就是變得有點神經質了。「只要能逃離不斷從他們身上感受到的不快壓力，我就好多了。」

十月一日。不曉得為什麼心裡一直不踏實，特別是夕暮襲來之時。一片青色絨毯攤開來似的在比叡山的山腰上擴散。每當蒼茫的夜色灰撲撲地籠罩下來，我便坐也不是、站也不是，整個人被囚禁在一種無法忍受的失落裡。我是自己要來的，為求一份孤獨，但如今這份孤獨卻開始反噬我。甚至在這份孤獨的寂寥背後，潛藏著的是一顆激烈躁動的心。每當我想到正在東京的山野跟桑田那一票人，每天不曉得又精進到了什麼地步，我便連一刻也靜不下心來。

這時候山野君竟像火上添油一樣，從東京寄了信來，挖苦「俺」京都有沒有什麼比較有文學涵養的事情？

沒想到京都這塊土地竟然會讓人感到自卑，我覺得這點實在太有意思了。通常來說，京都人根本不會這麼想，大家都覺得京都跟東京是平起平坐的，假設東京是東日本的文化中心，那麼京都就是西日本的文化重鎮了。但在小說中，「俺」卻是個大東京主義的人，事事以東京為本，不管他怎麼千百般跟自己解釋自己來京都的行為，還是抹不去心中那一股「貶黜」的自卑感。因此他才感到躁鬱。

說到這種把京都跟低劣擺在一起看待的想法，我還想到了一個。我曾經聽說某個位高權重的官僚說「我頭腦不好，所以我進了京都的大學。」話中之意便是說假設他的頭腦好，他根本不可能淪落到京都，而會去東京上大學。原來如此，當官的人如果想出人頭地，從東京的大學畢業的確會比較有利，這是官場痼習。可是我讀了這本《無名作家日記》後，發現原來作者也這樣想呀。至少他書裡頭透露出了這樣的觀念。比起想當作家的創作欲，更想在文壇出人頭地。不管如何就是想揚名立萬，書裡頭處處散發出了這樣的氣息。就這點來說，京都素來跟所謂文壇中心離得比較遠，因此京都不行，一定要在東京才有機會出頭。換言之，正是所謂攀強附勢的現實主義。

通常我們覺得小說家所抱持的理想跟官僚是相當不同的，不過從這本書看來，似乎都一樣，兩者皆貪昧。對於人生的追求好像只有一個，就是追逐所謂的成功與名望。

小說裡將作家在這方面的心境描繪得淋漓盡致，讀來特別深刻。不管同行文友間如何宣稱文藝至上，但存在於根底裡的究竟還是現實主義。本書似乎令人窺見了日本文化中的某些弊弱呢。

# 比叡山

## 解說

《旅》這份雜誌出了一本特集〈不用走路就能攀登到的涼風地〉，談的是些可以搭乘交通工具到山頂的場所。剛好比叡山也鋪設好了到山頂的登山車道，因此我為它們寫了這篇文章（註）。

（註）梅棹忠夫著〈熱門話題：比叡山的登山車道〉《旅》七月號，第三十四卷第七期五十五～五十七頁，一九六〇年七月，日本交通公社出版。

## 轉變的天台密教靈地

現在比叡山也有登山車道了，從京都市中心要不了一小時即可到達海拔八四八公尺的山頂。市營巴士也有通往山頂的定期公車。

這件事看來對《旅》雜誌編輯造成了很大的衝擊。他們跟我說只要是跟這座山有關的題材，不管寫什麼都好。我從他們語氣裡嗅到了一點激動。「歷史靈場的比叡山居然可以開車進去了！這是件大事吧！」

這麼說倒也有點道理。我以一個住在比叡山腳下的京都市民的角度來看，一向覺得比叡山本來就會鋪設登山車道，這沒有為什麼。但聽了編輯的講法後我恍然大悟，原來如此，這件事的確有點特殊性，難怪會讓人驚訝。這種想法並不難理解。

因為比叡山是座有歷史故事的山。如果我們問，在日本史裡哪一座山對於歷史的發展影響最大，毫無疑問必須提出比叡山的名字來。日本的佛教也發源此地，從這裡傳播出去。日本的政治更曾無數次圍繞著這座山打轉，群雄或者爭鋒激戰或者巧妙交手，機伶布局。正因為背後有這麼多的歷史淵源，這座山自然吸引了全日本國民的關注。

國民關注的焦點當然是那些峙立在山上的寺院群。聖地與靈域。高聳入天的老杉、巨大的佛寺屋瓦、成群的國寶建築、從八世紀以來一路維護至今的天台密教珍寶、行走在山峰之路的修行者。沒想到這些既有意象之間，現在突然插進了一條現代化的登山車道，一輛輛車子開往了山上去，當然會把大家嚇一跳。

## 京都百萬市民的行樂地

可是在我們京都市民眼裡，事情稍微有點不一樣。對我們來說，比叡山並不只是一座歷史之山。它是我們從孩提時代就每天看著看著、不曉得爬上去過多少次的山。我們從山上遠眺京都市內、遠眺琵琶湖，看著山色隨著四季變化。我們並非不知道這座山跟京都的歷史、跟日本的命運之間有著深切的連結，可是那些都過去了，跟現在有什麼關係呢？

當京都市民想到比叡山時，山上的佛寺古剎只是這座山的一小部分，很多市民上去時，並不會去佛寺參拜。

京都人從以前就時常往比叡山跑。大家都去。可是我們去比叡山跟去近郊其他山時不同。去愛宕山的時候，是去愛宕神社參拜；去鞍馬寺時，會到鞍馬寺禮佛，可是上去比叡山就只是上去比叡山，沒有人特地跑去延曆寺。京都人會說愛宕參拜、鞍馬參拜什麼的，可是我們不會說比叡參拜。比叡山在京都市民心裡跟政治、信仰沒什麼關係，它就是一座我們上去玩的山而已。

正因為我們如此看待比叡山，所以覺得山上鋪設了現代化車道、有車子跑來跑去沒什麼大不了的。就像神戶的六甲山、大阪的生駒山都有車道一樣，京都的比叡山當然也會鋪設車道。

如果剛才《旅》雜誌編輯的考量可以視作「國民的角度」，那麼現在我提到的京都市民的想法就是「市民的角度」了。圍繞著比叡山，這兩種角度稍微有點牴觸。這種問題不會發生在六甲山或生駒山，但比叡山的情況不同，一方面，它是「活著的日本史」，一方面它也是「百萬市民的行樂地」。

京都除了是個千年古都，它還是個人口龐雜的現代都市。既然市區旁就有座這麼適合玩樂的比叡山，怎麼可能會被市民錯過呢？僅把它當成一個歷史座標，凍結在那裡的話根本就不符合一個大都會的現實需求。

從市民的角度來說，我們對比叡山的印象並不是被包圍在蒼鬱老杉之中那些大有來頭的靜舍古剎，而是三百六十度毫無遮蔽的開放視野。就我自己來說，每當我想起那景色，腦中首先浮現的是站在四明岳山頂上，從將門岩登高望遠。京都人可以不知道天台的佛寺與佛僧，但絕對沒有人不知道英雄將門這個名字。

關於英雄將門的傳說，一開始就跟這座山上的眺望景色綁在了一起。平將門——承平．天慶之亂的主角。那場叛亂是十世紀時，新興武士勢力對於律令政府的最早一波反抗。當時平將門站在了四明岳山頂的大石頭上，俯望著眼前執行律令制的日本國家首都——平安京。將門指著那王城之都宣稱他總有一天會成為那個國家的帝王。

只可惜他造反失敗了。自立為新皇的他遭到討伐，設於東國的新政府瓦解，他的名字也只留在了那塊四明岳的大岩石上。只是話說回來，被視為「王城守護者」的比叡山上竟然有顆石頭是以推翻王城之主的人命名，歷史也著實弔詭。

## 納涼與滑雪的另一個世界

最先浮現在我腦中的少年時期回憶，與將門岩連結在了一起，可是我第一次上山時究竟是爬哪一條路徑呢？我已經想不起來了。由北白川上去的那條俗稱為「白川道」的路徑和緩易走，通常是女子跟老人家爬。我想我走的應該是另一條從修學院上去的陡徑，俗稱雲母坂。活潑的小孩子都走這條路線。

也有可能我第一次上山時，其實是搭纜車。這座山很早就有纜車了。叡山電鐵在一九二五年（大正十四年）通車後，從出町柳到八瀨這一段路線平坦，接著從八瀨到山頂則換搭纜車，由現今的京福電鐵叡山線運行。

纜車終點只到達海拔七百公尺高處，從那兒到山頂上還有段距離，不過當時開通這段路線已經算是相當劃時代的創舉，讓市民一下子就能跑去比叡山上。

夏天時，比叡山真是最棒的納涼地點，畢竟那兒是海拔七百公尺高的地方嘛。市民們傍晚一興起，穿著浴衣就上山了。山頂上會舉辦各種納涼大會，我記得每年都有鬼屋之類的遊樂設施，讓人豈止涼爽，簡直就是發涼呀。

冬天一到，比叡山也給市民帶來了娛樂，因為開了間滑雪場。蛇池的那個滑雪場雖然不大，可是已經夠讓初學者開心了，加上它離市中心只要一小時的車程。每當雪一飄，即使是在週間日，學生也會迫不及待地在一下課後就衝上山去。蛇池燈火通明，夜間滑雪揭開了序幕。傍晚時候上山，只要趕著十點的最後一班纜車下山就行了。因此京都在戰前還滿時興滑雪，都是這比叡山滑雪場的影響。不知道怎麼回事，戰後反而不太下雪了，滑雪的日子也就少了。

## 轉念開放觀光的佛寺

京都人雖然喜歡跑到比叡山，可是卻不會去佛寺。因為延曆寺對庶民來說是間很有距離感的大寺，在歷史上也向來跟朝廷貴族連結在一起，不是什麼庶民能去的地方。它又不像高野山那樣有墳墓可拜，也不提供葬祭供養，它那兒是個學問的宮殿、學問的象牙塔。寺院向來與民眾畫清界線，民眾當然也就無視它的存在。

高野山那邊在纜車開通後，隨著交通便捷，高野山的寺院也勇於進展，但比叡山的情況似乎不同。山上的寺院跟市民對於這座山的種種近代開發像是兩條平行線般，你不理我、我不理你，甚而可以說有時候還不免發生小小衝突。對寺院來說，跑來山上玩的群眾像是入侵聖地的狂徒一樣；對市民來說，盤據山上的寺院則是緊抓著歷史藉口，霸佔了屬於市民的美好遊樂地。

不過寺院最近對於觀光的態度好像鬆動了一點。從今年起也開始徵收起了參拜費，讓民眾入內參觀國寶與寺堂，同時也同意讓車道的停車場設在寺院旁。從這個面向上來看，我們可以說比叡山登山車道的完成是市民的勝利、大眾的勝利，它瓦解了寺方長期貴族性的獨佔行為。

當然，京都人雖然對於山上的寺院沒興趣，可是國民的焦點還是擺在寺方上、歷史上。這是很常發生在京都的現象，也就是寺院通常是外地人才會去。電鐵公司自然也不會忘記這龐大的觀光人口，從琵琶湖到根本中堂已經有纜車通行。從京都這一側的纜車終點站，也已經架設全日本第一條空中纜車通往延曆寺。

比叡山上的市民遊樂場在戰時荒毀了大半，只有寺院完好無缺。不過戰爭結束後，比叡山重燃生機。纜車回來了，山上的遊樂場也慢慢地整頓妥當。

我位於北白川的家離比叡山很近。戰後，從我家二樓的窗戶內，我看著一樣樣的設施復活，恢復到了戰前的盎然生氣。幾年前，南邊山坡上開始看得見紅土的顏色，開始建設車道了。後來我從望遠鏡裡看到四明岳的山頂上好像在蓋一個什麼奇怪的東西，原來是回轉眺望台。一九五八年的春天，車道完工。隔年春天回轉眺望台也完成了。遊樂場蓋好了，自然科學館興建了起來，高山植物園也整頓妥當。

在比叡山漫長的歷史裡，如今似乎掀開了新的一頁。大批市民蜂擁而進，殺到了比叡山去。如今山頂上開始需要建設新的設備。每天遊客丟棄的垃圾就將近有一噸。山頂上如今已經有了兩個高性能的焚化爐。舊有的蹲式坑廁早已不敷使用，現在海拔八四八公尺的山頂上已經有了新的蹲式沖水廁所。

巨型回轉眺望台如今在四明岳的山頂上緩緩轉呀轉，將門岩就在一旁，可是新蓋好的眺望台比它高多了。市民們邊嚼著焦糖牛奶糖，欣賞著比當初將門看到的景致更寬闊、更優美的風光。

京都人的一顆心又重新回到了比叡山，至於寺院呢？寺院依舊隱身在那蓊鬱的山林中，從回轉眺望台這兒看不見。市民在回轉眺望台一帶玩得盡興了之後心滿意足地下山。回程看是要搭纜車、開車都可以，隨心所欲。如果還不想下山，也可以去山頂上，現在不用像古時候一樣去寺院裡借宿一晚了，已經有了時髦的飯店呢。

# 大遠忌

## 解說

一九六一年（昭和三十六年）一月，京都知恩院舉辦了法然上人七百五十年大遠忌。接著四月時，東、西本願寺舉辦了親鸞上人七百年大遠忌。兩大法要共吸引了數百萬名信眾至京都參拜。《每日俱樂部》藉機辦了一本〈京都大遠忌〉特集，此為我執筆文章（註）。趁著這一次收錄書中，我將原本標題改為「大遠忌」。

（註）　梅棹忠夫著〈佛教日本今依在〉《每日俱樂部》四月二日號，第十四年第十五期，通卷第五七二期，第九頁。一九六一年四月，每日新聞社出版。

### 1

京都目前正在舉辦大遠忌。多達四百萬名信眾湧入了這個人口一百萬的都市裡。這對京都來說，不可不謂大事。

大遠忌並非只是京都本地的活動。這四百萬名信眾打從哪裡來的呢?當然是來自日本各地。四百萬人可以視為一次大規模的民族移動。全日本都動了起來。這是日本這個佛教國家在文明根底上的蠕動。

## 2

京都是佛教國家日本在宗教上的首都。包括東西本願寺、知恩院等等，各門宗派的大本山都聚集在這個都市裡。京都是現世的極樂淨土、神聖之都。如果數百萬名佛教徒的能量要朝向某個地方發散的話絕對是往這裡來。

可是身在京都裡頭看著世局，這神聖的都市其實也正慢慢地改變。以前宗教集團的勢力不是現在所能相提並論，明治維新時，本願寺教團的動向可是影響革命成敗的關鍵。明治末期，本願寺一年的預算相當於一整個京都市的預算，但現今呢?恐怕已經差了兩位數吧?

現今是俗世的勢力囂上的時代。就連京都這樣的宗教聖地，也已經被俗權奪走了絕對優勢。

## 3

但即便在這俗權霸佔了優位的現代世界裡，這一次的大遠忌老實說應該讓京都市民相當震撼吧？在這之前，京都市民早已對隨處可見的宗教設施冷感，只把宗教設施視為觀光區，很少連結到信仰。目前世俗優位已經變成了這種情況。

沒想到京都的宗教設施居然還有實力讓多達市民人口四倍的信徒，在信仰之名下，聚集到同一個都市。這點應該讓大家相當意外。

想起當初京都市電在規劃路線時，刻意避免從東本願寺前面經過，這個舉動惹火了對東本願寺沒有共感的市民，到處都有反對聲浪要市電大大方方地直接從寺前開過去。可是從這一次大遠忌的情況來看，要是東本願寺前面沒有那個大廣場，還真不知道要怎麼容納那麼多的信眾。當初的路線規劃，的確是都市交通針對宗教的龐大動員力所做的實際考量。

## 4

提到了都市交通，這一次大遠忌最讓京都人擔心的無疑是交通問題。從鄉下來的老爺爺、老奶奶，幾百萬個人聚到了這個城市，不曉得場面會變得怎麼樣……該不會發生很多交通事故吧？

可是我們打開了未知的蓋子來看一看，根本什麼情況也沒有。來上京朝聖的群眾在寺方旗幟的領導下，一排排秩序井然。即使裡面有的信眾年紀很大，也照樣排隊，整體來說根本無需擔心。

這也是時代的變化。雖然善男信女都是從鄉下來的，可是現在如果還覺得鄉下人跟不上時代，那這種看法就已經落伍了。現代日本哪裡還有跟不上時代的鄉下人呢？人家的家裡擺著電視，出門開著自動耕耘機種田，這才是現代善男信女的真實生活。

說到這兒，看著這次來上京參加大遠忌的信徒，不知道為什麼讓我想起了相隔多年後，重新踏上日本這塊故國土壤的夏威夷日裔美國人觀光團。在現代化的鄉下人這件事上，這兩者無疑具有某種共通點。

## 5

總而言之，佛教國家日本現今仍巍然屹立。在日本現代化的過程中，這個根底看來是不會輕易消失匿跡了。而善男信女也正遂行著他們的現代化呢。大遠忌已把這個事實展現在了京都大眾面前。

從前人家說京都有三個地方不能碰，一是祇園、一是西陣，另一個則是本願寺。碰了這些地方的後果難以想像。我不曉得其他兩個地方情形如何，但至少從這一次大遠忌的情況看來，以本願寺為首的京都宗教勢力如今依然剛勁有力。

# 再會，五代電車

**解說**

京都以前有兩種不同軌道寬度的路面電車，其中從京都車站開往北野的北野線為狹軌，也是日本最早行駛的路面電車。

一九六一年七月，北野線終於在市民依依不捨的心情下廢線。此為當時贈別之文，刊載於《朝日新聞》（註）。

（註）　梅棹忠夫著〈再會，五代電車〉《朝日新聞》一九六一年七月二十九日。

日本最早的電車——京都北野線——即將在七月的終點畫下尾聲。現在帶孩子去搭一次的話，或許等孩子長大會成為美好回憶，所以我們全家人一起去搭了電車。

這條路線完工於一八九五（明治二十八）年，當時我家這位出生於一八三〇（大保元）年的大奶奶才剛出世。從她算起，到了我孩子這一代已經是第五代了，我們家五代人全受北野電車照顧。這一次，是橫跨六十六年的我們家跟北野線的最後一次相聚。

電車已經變得吭吭哐哐，搖晃得很厲害了，可是小孩子們還是開心地趴在窗旁看著窗外。市井街道仍如以往那樣蝸窄而靜謐。

我家從德川時代就世居西陣，幾代人看著充滿古風的京都如何急速地變化。這個城市的歷史早已與我家的歷史混在了一起，從一代人的口中傳到了下一代人的口中。在我心裡，這輛日本最早的電車已然成為傳統都市生活者的我們家庭的歷史一部分，深刻烙印在心底。

第二代的奶奶時常跟我這個孫子提起十九世紀發生在京都的這件大變革。大家從原本要在京都市內的這一頭走到那一頭的生活，變成搭車就可以縮短距離的日子。更令人感恩的是線路剛好從我家旁邊經過。

但同時，近代都市生活的惡弊卻也從此萌芽。我家每一代人上的小學都是西陣的正親校，那時候「電車」這個怪物剛好從正親校旁邊經過。每次要去學校，就得穿越線路。第二代奶奶生了很多孩子，每天都得擔心孩子上下學的交通安全。她可以說是最早體驗到都市交通地獄的那一代日本人。「小心電車啊！」已經成為我家每一代母親的口頭禪了。

北野線的電車最早由京都電氣鐵道這家公司經營，後來被市營合併，但市民還是依照原來的簡稱「京電」叫它，以把它跟「市電」區分。最近報紙上有時也稱它為「叮叮電車」，我從沒聽過這個綽號。偶爾也有搭市電的其他路線比較方便的時候，但我們還是會盡量搭北野線，這不知道也算不算是京都人的保守性格？

很多人可能會好奇，為什麼像京都這麼保守的地方會首創日本先例，製造了電車呢？但把京都人當成保守人士恐怕才是錯誤的印象唷。當時京都首開全國先例的可不只是電車而已。

京都早就累積了一千年的文化與財富，京都的馬路窄雖窄，但整然有序，市民們過著熱鬧而充實的都市生活。熱鬧的街上，首先亮起了電燈。京都在推出全日本第一台電車前，就已經利用疏水的水力在蹴上成立了全日本第一間水力發電廠。

這豐富的水力讓京都改頭換面，電車只是其中一項產品而已。我想那應該是日本最早的產業革命吧。京都這日本現存最大且唯一的古代都市，傾其千年之力一口氣蛻變成了現代化都市。如今在這兒跑的老舊電車並不單只是舶來文化的初期樣品，它在本質上，更是日本都市生活在文明史上轉換的紀念物。

時代從明治轉換到了大正、昭和，電車已然成過去榮耀，但它依然跑著、跑著，而我們一家人也交棒到了下一代，但我們還是搭著電車。身為第三代的父親，搭著它去了深草的連隊報到。母親搭著它回到鄉里。從鄉下到京都來當女傭跟伙計的孩子，搭著它去到各自的老闆家。開戰後，民眾被召集，大家綁起了和服袖子，搭上電車去報到。接著身為第四代的我，在日本敗戰從中國退回京都後，北野線依然還在。我從窗內望向外頭的堀川，心想「真的活著回來了」。

可是一切即將在此畫下終點。第五代的孩子不懂得任何惆悵，他們搭上這童話般的小電車，天真無邪地喧鬧著。

這次廢線的只有北野線這一段，可是總有一天，市電應該會全面停駛吧。六十年的歲月聽起來很長，但相較於一千兩百年的都市生活只不過是一眨眼的時間而已。在長遠的都市文明史中，路面電車佔據了一小段，沐浴在光輝下發揮了它的機能，爾後它褪入歷史的洪流中。京都市民的勇氣與上進心曾讓日本最早的路面電車在路上奔馳，接下來我們或許會狠下心，全面廢止市電。到時我家第五代的孩子可能會抱起第六代的小孩去搭電車吧，也或許，那一天會更早到來。

**補記**

後來不出預料，京都市電於一九七八年九月全面廢駛。

# 大學與賣花村

## 解說

位於左京區北白川的京都大學人文科學研究所，每年夏天都會由研究所的外圍團體東方學術協會主辦夏季講堂。這講堂開放給一般市民參加，可自由聽講。一九五一年夏天，我負責一天課程，題目取得稍微誇張了點，主講北白川地區的「人類生態學考察」，討論世居當地的舊北白川村民與新來的京大相關工作者之間的關係。我們為了這堂課，調查了北白川一帶的土地利用實況並製作花田分布地圖。此次調查於京大學生的協助下完成。

演講概略曾刊登於《每日新聞》上（註）。此次酌加修改後收入本書。

（註）　梅棹忠夫著〈大學與賣花村——兩個北白川〉《每日新聞》一九五一年七月二十九日

## 大學族

北白川這個地區可以說是由兩個社會組成的，一個是現代性格的「大學族」，他們時髦、高雅、清新，有時又喜歡鬼鬼祟祟地講話，弄出一臉嚴肅的表情。這是個百分之一百二十具有日本文化人性格的族群。他們的社會結構鬆散，沒有一個整體組織。他們也不喜歡特定的社會規範，但相反地，也得以享受沒有傳統鄰里監視的自由生活。就某種意義而言，他們的確可稱之為現代。他們通常都沒與年長者一起生活，年輕倆夫妻獨自搬了過來。他們具有所謂殖民地、新生地的性格，沒有沈重的傳統背景。

## 賣花族

另一個社會則是北白川舊村民。北白川從以前就沒有什麼農地，居民幾乎都以賣花維生，三百戶左右的人家裡有兩百人加入了賣花協會。他們的社會封閉、社會組構嚴格，彼此間從幾百年前的祖先時代就已經認識。村民間靠著人情義理緊密連結，其社會結構中心為北白川天神的三個鉾組。每一戶人家該加入哪一個鉾組從祖先時代就已經規定好了。各鉾組有名為「老分」的長老各十六人，享有最高榮譽與指導權力。老分採年齡承襲制，孩子一生下來便已決定誰會是誰的繼承人。因此村中一旦生了男丁便會先跑去報告老分，而不是先到區公所去登記戶籍。此為世居當地人的專有組織，與新遷入者無涉，是相當古典的日本農村型社會組織。

## 兩族之間的關係

大學族與賣花族彼此互不需要、生活裡也彼此無視。對大學族來說，不需要供佛的花與石頭。對賣花族來說，常客不是大學族而是市區裡的商家與手工藝師傅。因此這兩個古典與現代的社會便於焉平行共生，互不干涉。這可以說是日本社會的實際縮影。

## 回顧

通常近郊農村在都市化的過程中會經歷侵入與替換，也就是在都市膨脹的情況下，發生了農地被掠奪、逐漸瓦解的程序。可是北白川的農村並未發生這種情形，此為其特色。北白村這個農村原本農地就不多，三百戶人家裡只有六十町步（譯註：農地面積單位，一町步約為九九一七平方公尺），因為無法靠農業維生，才會培養出賣花、切石、研米等等職業。目前從事切石業的人口雖然只剩下了一、兩戶，但往昔比叡山登山口附近盛產花崗岩的時候，家家戶戶都是切石業者，京都市內的石屋組織成員，有泰半為北白川村民。石工的收入豐裕，因此不像一般農家那麼執著於土地，漸漸將土地賣給了大學族興建住宅。最近在石材產量減少，社會需求也退縮的情況下，大多石工轉行為賣花族或是搬到了市內。以前利用白川的水推動水車來研米的研米業很興盛，但目前也只剩下兩、三戶人家，其他亦轉為賣花族。目前全村傾力發展傳統的賣花行業、栽培花卉，並盡全力利用狹小的土地。

## 闡述

總結而言，北白川地區已經將做為古典都市的京都與做為古典近郊農村的白川從機能上完美結合。換言之，這地區已經完成了第一次都市化過程。而正由於第一次都市化過程已經結束，此地區已建立起滿足都市需求的職業技能，所以才會那麼容易將田地放手。如今，本地區正面臨了第二波都市化浪潮，與大學族之間的關係也可視為是第二次都市化過程中所產生的現象。

## 今後議題

住宅增加後，花田的面積隨著減少，威脅到了花業的基礎，也對村落最後的據點帶來了危機。相反地，由於戰時日本成立了町內會組織，賣花族與大學族同屬町內會員產生不少接觸，縝密的古典組織結構也逐漸鬆解。究竟古典的日本將如何邁向現代化，這也是日本面臨到的整體問題。我們可以將北白川視為一個實驗場域，今後值得繼續關注。

# 評——北白川小學編纂之《北白川兒童風土記》

**書介與解說**

京都市立北白川小學編纂《北白川兒童風土記》菊十六開，三七二頁。一九五九年三月，山口書店出版。

這是一本罕見的由小學生製作的書，我自己就住在北白川小學的學區內，讀起此書津津有味。受邀寫此書評（註）。

（註）　梅棹忠夫著〈近看新教育成果——評京都市立北白川小學編纂之《北白川兒童風土記》〉《日本讀書新聞》一千期，一九五九年五月四日。

這真是一本非常精采的書。它親自向我們證明了當兒童接受到適宜良好的指導時，可以成就出多麼非凡的成果。我自己身為住在北白川地區的居民，一直沒發現身旁的小學校裡，學生正在進行這麼有意思的拓樸研究。如今看到成品，著實讚嘆。

乍看書名，寫著北白川小學編纂，我一開始以為這是學校將孩子作文編纂成書的作文集，可是翻開內頁，完全不同。執筆者全為小學生，四十八名學童著手寫了多達六百張的原稿，內頁穿插的版畫及插圖也全出自小朋友之筆。而且這可不只是一本學生的作文集，它更是本值得信賴的鄉土誌與動人的地志、是一本引人入勝的民俗志。

為什麼會有這麼一本書的誕生呢？三年前，小學四年級的孩子們裡成立了一個鄉土研究社，當別的孩子正忙著打棒球時，他們踏訪了地區內的每一個角落，搜找著古老的遺跡土器、拓印碑文、到長者家中去請教風俗與傳說，細心筆記。有什麼疑問，就仔細調查，最後認真參照著作文指導書籍，一點一滴地記錄下來。終於在第三年——小學六年級的夏天，完成了本書的草稿。

後記裡有這麼一行由擔任編輯委員的老師所寫的文字：「當小孩子懷抱自覺、熱情與責任感時，連我們大人也望塵莫及。」的確，這些孩子實在令人驕傲。可是又是誰鼓勵他們懷抱熱情、責任與自覺，一步步完成了這麼傑出的工作呢？做為社會課的研習一環，我想向提出這份研究企劃、鼓勵學生、同時陪伴著指導的老師致上最崇高的敬意。

在「協助研究的六年級朋友」中，記錄了兩百位小朋友的名字，可是書中沒有任何一位指導老師的名號。唯獨在某篇文章中曾提到「大川老師」，但我們也不知道這位老師的全名。然而這些老師不計名聲的教育實踐，我想大家都會同意值得我們給予非常高度的評價。

這些孩子肯定一輩子也忘不了這段攜手合作的經驗吧。這份經歷絕對會對他們接下來的人生帶來正面而深遠的影響。我想我有幸從旁看見了一份嶄新的教育成果。

北白川這塊土地的確頗得地利之便。這兒位於京都東北，地域內從石器時代的遺址到古代、中世、近世擁有極為廣博的古蹟。再加上，這兒直到近年為止一直是農村，目前還有許多親眼見證過農村轉型過程的長者在世。同時，這裡也是個新興住宅區，許多任職於大學的人都搬來這個地區。世居者跟新來的移居者之間或許沒又什麼交流，可是這些成年人的孩子在學校裡卻是同學，白川的石屋、水車店的孩子可以去調查當地固有產業的傳統與變遷，地理學者、考古學者的孩子可以去父親的研究室請教與求知。正因為孩子是由這樣的成員組合起來，在齊心協力下才得以完成這份亮眼的成果。

更值得慶幸的是這個地區擁有相當多元的人才足以協助本書出版。當地擁有多加出版業者。

我想這樣的一本書應該不是在任何地方都可以完成，而這樣的作業方式也不見得就是社會課求知的唯一作法。不過我想，其他老師與學生在讀完本書後，應該也會興起一股「我們也來試試看吧！」的勇氣。謹期許這美好的嘗試遍佈到全國各地。